미네소타주립대학 **불교철학 강의**

미네소타주립대학 불교철학 강의

붓다의 생각을
꿰뚫는
스물네 번의
철학 수업

●

홍창성 지음

불광출판사

이 책은 내가 미국 대학생들에게 가르친 불교철학 강의를 그 내용으로 하고 있다. 미국 현대철학 전공 교수로 미네소타주 립대학에 부임한 지 20년이 훌쩍 넘었는데, 10여 년 전부터 는 작은 원력으로 불교철학 강의를 개설해 매년 가르치고 있 다. 그동안 토론하기 좋아하는 미국 대학생들과 불교를 논의 하는 과정에서 제기된 신선한 논점과 여러 에피소드를 이제 한국의 독자들에게 소개할 기회가 생겨 기쁘다.

이 책은 무아無我와 연기緣起, 그리고 공空과 같이 불교 의 중요한 철학적 주제를 다루는 스물네 번의 강의에 대한 에세이로 되어 있다. 각각의 에세이는 학생들과 실제로 또는 가상으로 주고받은 토론을 중심으로 되어 있는데, 강의를 진 행했던 지난 십여 년에 걸쳐 일어났던 이야기들을 모아 놓은 것이다. 그리고 강의 교재로 내가 쓴 논문도 여럿 추가하며 가르쳤기 때문에 불교교리에 대한 나의 견해도 많이 포함되 어 있다.

불교를 전혀 모르는 미국 대학생과 외국 유학생에게 불

교철학을 가르치려면 무엇보다도 아무런 배경지식을 전제하지 말아야 한다. 가장 기초적인 교리로부터 전 세계의 누구나 알아들을 수 있는 가장 보편적인 개념과 방법론으로 가르쳐야 강의가 부드럽게 진행될 수 있다. 그런데 이렇게 불교를 전혀 모르는 학생들을 상대로 강의한 내용을 불교문화를 접해 온 한국의 독자들에게 소개하면 그 어렵다는 불교교리를 상대적으로 쉽게 이해한다는 점을 알게 되었다. 이 점이 내가 이 책을 쓰게 된 동기이다.

나는 2015년 가을부터 2016년 봄까지 한국불교계에서 진행되었던 '깨달음 논쟁' 당시 인터넷 매체 『미디어붓다』에 여러 글을 발표하며 한국의 독자들과 인연을 맺기 시작했다. 그때 나는 불법佛法에 대한 철학적 이해가 깨달음을 위해 중요하다는 취지의 논지를 펴서 간화선 중심의 수행을 강조하던 여러 논자들과 논쟁을 벌였다. 그러다가 2017년 가을부터 개인 페이스북에 불교 관련 에세이를 올리기 시작했는데, 이것이 계기가 되어 월간 『불광』에 2018년 한 해 동안 열두 편의 에세이를 발표하게 되었다. 이 책은 이미 발표된 열두 에세이에 새로 쓴 열두 에세이를 추가하여 완성되었다.

스물네 편의 에세이를 완성할 수 있도록 좋은 질문을 해준 미네소타주립대학 학생들에게 고맙다. 또 페이스북에 올린 에세이에 도움이 되는 코멘트를 달아 준 페친들께도 감사하다. 그리고 이 책의 결실을 보도록 인연을 만들어 주신 불광미디어의 김성동, 유권준, 이상근, 그리고 류지호 전·현직 임직원들께 감사드린다. 마지막으로 이 책의 모든 에세이를 꼼꼼히 읽고 많은 도움 말씀을 준 유선경 교수께 감사의 말씀을 전하며 이 책을 헌정한다.

2019년 5월 미국 미네소타주에서
홍창성 합장

● 차례 ●

"

자네들은 비싼 등록금 내고 대학에 들어와
이 자리에 앉아 있으니 무언가 새로운 것을 배워
좀 달리 생각할 기회도 가져야 하지 않겠는가.
한 학기 동안 불교를 통해 새로운 인생관과
새로운 세계관을 한번 마음껏 경험해 보기 바란다.

"

제 **1** 강 ———— 불교란
무엇인가

미국 본토에서 가장 춥다는 미네소타는 원래 푸른 눈에 키가 크고 머리가 노란 스칸디나비아계 이민자들이 개척했다. 북유럽식 문화와 사회보장제도를 가지고 있어서 소득과 치안, 교육 그리고 환경 등에서 미국에서 가장 살기 좋은 주라고 평가받아 왔다. 그렇지만 아직도 "대학에 와서야 평생 처음으로 하나님을 믿지 않는 사람을 만났다!"는 학생들이 있을 정도로 기독교 전통이 강한 미국 바이블 벨트Bible Belt 북부에 속해 있다.

십여 년 전 처음 내가 이곳 미네소타주립대학에서 불교철학 강의를 새로 개설했을 때는 수업에 참가한 30명 가운데 백인이 아닌 사람은 교수인 나밖에 없었다. 그러다가 몇 해 전부터 대학에서 외국인 학생을 더 받기 시작해 이제는 네팔, 일본, 몽골, 우즈베키스탄, 나이지리아 등 출신이 강의 수강생의 3분의 1 가량 된다. 외국 학생 가운데는 네팔 학생들이 가장 많은데 이들은 석가모니 부처님의 탄생지 출신이라는 점에 대단한 자부심을 가지고 있다. 그런데 우리 예상 과는 달리 실제 네팔 인구의 3분의 2 가량은 힌두교도로, 이 들은 인도인들과 마찬가지로 키가 상대적으로 크고 눈이 둥 글며 코가 큰 아리안 계통 사람들이다. 네팔인의 3분의 1정 도인 불교도는 아리안보다는 오히려 몽골인종으로 보이며 키가 좀 작고 생김새도 많이 다르다.『불타 석가모니』의 저자 와타나베 쇼코의 주장처럼 석가모니 부처님은 아리안이 아 니라 히말라야 지역의 몽골로이드계 소수민족 출신이었던 것 같다.

나는 네팔 학생들이 강의에 들어오기 시작하던 첫 해에 실수를 한 적이 있다. 그때도 여러 해 동안 강의한 대로 석가 모니가 인도에서 태어난 왕자였다는 말로 이야기를 시작했 는데, 강의가 끝난 후 네팔 학생 여럿이 다가와 "부처는 네팔 에서 태어났는데 어떻게 인도에서 태어났다고 말할 수 있습 니까?"라면서 강력히 항의했다. 나는 그들의 조상 가운데 한 명인 석가모니가 오늘날 네팔에 해당하는 지역에서 태어났 다는 것을 물론 알고 있었지만, 당시에는 네팔이라는 나라 가 없었고 그 지역을 포함한 많은 지역이 두루뭉술하게 인도 라고 불렸기 때문에 편하게 말했을 뿐이었다. 그런데 네팔이 석가모니의 탄생지라는 점에 대단한 자부심을 가진 네팔 학 생들에게는 결코 양보할 수 없는 역사 문제가 되고 말았다.

그렇지만 학생들은 곧 석가모니가 수행하고 성도成道하여 전법 활동을 편 지역의 대부분이 실은 오늘날의 인도에 해당된다는 점을 쉽게 받아들였다.

뜻밖에도 이들은 자기들 불교가 남전불교에 속하는지, 북전불교에 속하는지도 몰랐다. 그래서 여러 보살의 이름을 나열해 주었더니 자기네도 최소한 문수사리보살은 모신다고 하기에 "그럼 자네들 불교도 북전 대승불교의 전통과 가깝겠다."고 알려 주기도 했다.

어쨌든 이 일 이후 나는 석가모니가 오늘날의 네팔에 해당하는 지역에서 출생했고, 그 당시 이 지역의 사회와 문화 및 종교는 인도의 다른 지역과의 활발한 교류를 통해 형성되었다는 점을 이해해야 한다는 식으로 강의하게 되었다. 그 이후로는 네팔 학생들의 귀여운(?) 항의를 받을 일이 없었다.

첫 강의는 불교 전반에 대한 간단한 소개로 진행한다. 이 과목이 철학으로서의 불교를 가르치는 강의이다 보니 '불교(Buddhism)'라는 말을 개념적으로 분석하는 작업부터 시작한다. 그런데 불교를 영어로 'Buddhism'이라고 하면 자본주의(capitalism), 공산주의(communism) 같이 '주의主義', 즉 '-ism'이라는 접미사가 붙어 불교도들이 마치 자본주의자나 공산주의자와 같은, 오직 자기들만이 옳은 믿음과 가치의 체계를 가졌다고 주장하는 듯한 인상을 준다. 그래서 오로지 불교를 통해서만 구원이나 해탈이 가능하며, 나머지 종교는 다 틀렸고, 그쪽 종교 사람들은 모두 지옥에 떨어진다고 주장할 것이라는 오해를 불러일으킨다. 실은 유대교, 기독교, 그리고 회교가 모두 수천 년 동안 다른 종교를 믿는 사람들은 모두 적이고 지옥 불을 지필 땔감이 될 것이라는 험악한 소리를 많이 해 왔기 때문에 영어권 사람들은 불교가 어떤 주의(Ism)로 소개되어도 아무 저항감 없이 당연하다는 듯 받아들인다. 그러나 대다수 불자들이 이해하는 불교는 그런 험한 가르침의 체계가 아니다.

'Buddhism'이라는 영어 어휘의 원래 불교권 용어는 '불교佛教' 또는 '불도佛道'였고, 이 말은 '부처님의 가르침의 체계' 또는 '부처님의 길'이라는 의미였지 불교만이 유일한 진리요 또 구원이라는 서양종교식의 일방적 주장이 아니었다. 역사적으로도 불교가 다른 종교나 철학과 갈등을 일으켜 철학적 또는 종교적으로 그들을 선제공격했다는 이야기를 읽은 기억이 거의 없다. 아시아의 종교나 철학이 일반적으로 그렇듯 불교도 제설혼합주의諸說混合主義(syncretism)의 관점에서 힌두교, 자이나교, 도교, 유교와 같은 여러 다른 가르침의 체계를 존중하고 또 서로 배울 것이 있다는 점을 인정하며 상호 교류해 왔다.

서양 학생들은 이렇게 멋진 열린 태도와 문화를 이해하기 어려워한다. 간혹 제설혼합주의에 대해 에세이를 제출하는 학생들도 있는데, 이들은 모두 예외 없이 제설혼합주의가 우리가 따라야 할 훌륭한 이상이지만 서양의 유대교, 기독교, 그리고 회교 사이에서는 결코 가능하지 않을 것이라고 결론짓는다. 학생들은 20세기 후반 한국의 성철 스님께서 "내가 스님으로 수행하는 것은 불교가 진리를 궁구窮究하는 최고의 길이기 때문이다. 만약 불교보다 더 나은 가르침이 있다면 당장이라도 불교를 떠나 그 가르침을 따르겠다." 라고 하셨다는 이야기를 전해 들을 때 진심으로 놀라며 감명받은 모습들을 보인다. 나는 내 미국 학생들에게 불교가 이렇게 열린 가르침의 체계라고 소개한다.

세계의 다른 주요 종교들과는 달리 불교가 얼마나 열린 종교이고 철학인가 하는 점은 대장경大藏經(tripitaka)의 열린 체계(open canon system)가 잘 보여준다. 불교의 대장경은 결코 그 오랜 옛날에 절대적으로 완성되어 전혀 변화시키거나 삭제 또는 추가할 수 없어 어찌하지 못하는 닫힌 성전聖典의 체계(closed canon system)가 아니다. 기독교와 회교는 그들이 받아들인 완성된 성전이 있어서 단 한 자도 더하거나 뺄 수 없다. 새로운 생각이 더해질 수도 없고 기존의 내용을 뺄 수도 없다. 시대와 종파에 따라 그들 성전의 내용에 대한 해석이 조금 달라질 수는 있지만, 이 두 종교는 기본적으로 그들 성전의 내용에 대한 수정·삭제·추가를 허용하지 않는다.

유대교는 그래도 좀 열려 있는 체계다. 그들의 성전 토라의 내용에 대해 다양한 해석이 가능하고, 또 역사상 존재했던 수많은 랍비들이 내린 각각의 다른 해석과 새로운 주장이 토라와 함께 읽히고 토론의 대상이 된다.

그런데 불교에서 대장경을 만들기 위해 역사상 여러 문헌이 어떻게 수집·정리·편찬되었고, 또 새로운 내용이 계속 추가되어 왔는가를 돌아보면, 불교가 세계의 모든 종교 가운데 가장 열려 있고, 또 계속 진화 및 발전하는 가르침의 체계라는 점을 분명히 볼 수 있다. 우리 조상들은 역사상 최강의 군대를 가졌던 몽골과의 전쟁 중에도 당시까지의 역사상 세계 최고의 대장경을 만들었다. 정말 자부심을 가질 만한 일이다. 그리고 그 후 700여 년이 지난 20세기 초 일본은 고려대장경을 저본으로 하여 더 넓은 지역에서 많은 문헌을 모아 정리하고, 또 그 700여 년 동안 새로이 저술된 문헌들을 추가하여 신수대장경을 완성했다. 미래의 언제 어디에서인가 대장경은 또 새로이 편찬될 것이다. 지금처럼 영어권 나라들에 계속 불교가 전해지고 또 문물이 발달한 선진국인 이들 나라에서 새로운 불교운동이 일어난다면, 다음 번 대장경은 영어로 편찬될지도 모를 일이다. 나는 학생들에게 "자네들 가운데 누군가가 불교에 대한 훌륭한 저술을 남긴다면 그것이 미래 대장경의 일부로 수록되어 인류가 존재하는 한 영원히 간직되고 읽힐 것이다."라고 하면서 불교 공부를 열심히 해 보라고 격려한다. 그러면 언제나 몇몇 학생은 그 크고 맑은 눈을 빛내며 진지하게 듣곤 한다.

제 **2** 강 ——— 붓다,
깨달음,
무아

미국 학생들도 '붓다Buddha'라는 말은 많이 들어 보았기 때문에 '불교(Buddhism)'라는 단어가 '부처님의 가르침의 체계'란 의미를 가지고 있다는 점은 쉽게 받아들인다. 그러나 눈 밝은 학생들은 곧 날카로운 질문을 던진다.

붓다라면 오래전 인도에 살았던 고타마 싯다르타를 지칭할 텐데, 누구나 깨달으면 붓다가 될 수 있다는 주장은 누구나 고타마 싯다르타가 될 수 있다는 말입니까? 그런데 어떻게 제가(알렉스 존슨이) 깨닫는다고 해서 고타마 싯다르타와 동일인이 될 수 있습니까? 이치에 어긋나는 주장인 것 같습니다.

남전불교와 북전불교를 가르는 가장 기본적인 차이 가운데 하나가 북방 대승불교에서의 누구나 깨달으면 붓다가 될 수 있다는 가르침인데, 학생들은 이것이 문제라며 수업 시작 첫 주부터 따지고 든다.

학생들의 좋은 질문은 교수를 신나게 만들기 마련이다. 나는 동아시아에서는 무예의 고수들이 제자를 훌륭하게 가르쳐 그와 마지막 합을 겨루다가 자기보다 더 고수가 된 제자의 칼에 맞아 숨을 거두는 것을 최고의 기쁨으로 여긴다는 만화 이야기를 하면서 학생들에게 내게 그런 칼을 겨누라고 격려하기도 한다.

위의 질문은 영어로는 답하기 쉽다. '붓다'라는 말은 원래 '이순신'이나 '유관순' 같은 고유명사가 아니라 '의자'나 '학교' 같은 보통명사다. 우리가 아는 '이순신'은 역사상 단 한 명만 존재하지만, '의자'라는 단어는 수많은 의자들을 지칭한다. '붓다'라는 말도 원래 깨달은 자라는 뜻이었고, 따라서 누구나 깨달으면 붓다가 된다고 보는 것이 옳다. 2,500년 전 네팔과 인도에서 살았던 고타마 싯다르타는 영어로는 정관사를 붙여서 'The Buddha'로 표현하는데, 이는 역사상 존재했던 우리가 아는 바로 그 붓다라는 뜻이다. 우리 각자는 나중에 제대로 깨달으면 'a Buddha'가 된다. 그래서 원칙적으로 무수히 많은 붓다가 존재할 수 있다. 무슨 굉장하고 근사한 이론을 가져다 붙일 필요 없이 이처럼 간단한 문법적 설명으로 학생들의 좋은 질문에 답할 수 있다.

내게 예리한 칼을 겨누라고 격려하면 미국 학생들은 또 눈치 없이 진짜로 칼을 겨누기도 한다. 그들답게 언제나 유머를 잃지 않고 말이다. 위의 내 설명을 들으면 거의 언제나 다음과 같은 질문이 뒤따른다.

이제 '붓다(The Buddha)'가 깨달은 자(The Enlightened One)라는 뜻이었음을 알겠습니다. 그런데 '깨달았다(get enlightened)'는 말은 무슨 뜻입니까? 예를 들어 벼락에 맞으면(get hit by a lightning) 깨달을 수 있습니까(get enlightened)?

학생들은 내가 농담을 좋아한다는 것을 알아채자마자 자기들도 농담을 섞어 질문하기 시작한다. 강의할 때 청중이 너무 공손하기만 하면 흥이 덜 나기 마련인데, 내 미국 학생들은 내게 활도 쏘고 칼도 휘두르며 농담도 많이 해서 재밌다.

내가 미국에서 즐긴 여러 만화 가운데는 깨달음을 머릿속에 전등불이 켜지는 모습으로 표현한 경우가 많다. 숲속에서 고행하며 참선하던 수행자를 옆에서 놀리던 많은 원숭이들 가운데 하나가 우연히 벼락을 맞아 급기야는 완전히 깨달았다는 내용도 있다. 그래서 이 원숭이가 다른 모든 원숭이들의 공양을 받는 굉장한 성자聖者가 된 것을 보고 어리둥절해 하며 그곳을 떠나는 좌절한 수행자 만화를 보며 웃었던 기억도 있다. '깨달음'은 영어로 보통 'enlightenment'로 번역되는데, 벼락, 즉 'lightning'과 우연히 어원이 같아서 생긴 만화들이었다. 물론 불교에는 원래 '자등명법등명自燈明法燈明'과 같이 등불(light)°과 비유되는 표현들이 무수히 많다.

　나는 '깨달았다'라는 말이 원래 인도말로는 '알다(know),' '이해하다(understand)' 또는 '알아채다(realize)'를 의미하던 동사를 어원으로 갖는다는 점을 알려 준다. 그래서 깨닫기 위해 비 오는 날 허허벌판에 나가 피뢰침을 들고 벼락을 맞으려 노력해야 할 필요가 없다고 안심시켜 준다. 그러고는 알고, 이해하고, 문득 알아차리는 것이 깨달음이라는 점을 설명한다. 그러면 곧 여지없이 학생들의 또 다른 질문이 꼬리를 문다.

　그렇다면 무엇을 알고, 이해하고, 알아차린다는 겁니까? 깨달음에는 어떤 대상이 있어야 하지 않습니까?

○　이 구절에서의 '등불'은 실은 '섬(island)'으로 번역해야 한다는 학설이 최근 지지를 받고 있다. 그러나 이 점은 이번 강의에서의 논점과는 별개의 이슈이다.

천여 년 이상 선禪의 전통을 견지해 온 한국불교계에서 깨달음이 어떤 대상에 대한 이해의 문제라고 주장하면 강한 반대에 직면하곤 한다. 하지만 불교가 붓다의 가르침의 체계이고 붓다란 깨달은 자라면 그 '깨닫다'라는 타동사의 목적어가 있어야 한다는 문법적 요구 사항을 미국 학생들은 너무도 당연히 여긴다.

"나는 안다."
"그래. 그런데 무엇을 안다는 거야?"
"나는 깨달았다."
"축하한다. 그런데 무엇을 깨달았어?"

토론은커녕 일상적인 대화조차도 많이 삼가야 하는 선문禪門에서는 이런 질문을 하면 임제의 할喝(고함 소리)과 덕산의 방棒(몽둥이)에 혼쭐나게 되겠지만, 합리적인 사고를 요구하는 미국 대학에서는 이런 질문이 없으면 오히려 이상하다. 나는 학생들을 고함과 몽둥이가 아니라 말로 가르쳐야 하는 교수이니 그들의 질문에 알아듣기 쉬운 말로 답변해야 할 의무가 있다.

깨달음의 대상은 물론 진리(truth)다. 진리를 알고 이해해야 깨달을 수 있다. 이 점에는 이의가 있기 어렵다. 그런데 아무 진리나 깨달으면 붓다가 될 수 있는가? 아니다. 그것은 삶과 세계를 가장 철저히 꿰뚫어 보는 진리 중의 진리에 대한 깨달음이어야 할 것이다. 사소한 과학 정보 또는 역사 지식 몇 편의 습득만으로는 깨달음에 이르렀다고 할 수 없다.

그러면 불교에서는 그토록 철저한 진리의 내용을 무엇이라고 가르치는가? 석가모니 부처님은 우리 삶에 대해서 스스로의 참된 나 또는 참나가 존재하지 않는다는 무아無我(anatman, non-self)를 가르쳤고, 존재세계를 관통하는 진리로는 연기緣起(pratītyasamutpāda, dependent arising)를 설하였다. 물론 우리 스스로도 존재세계의 일부로서 연기로 생멸하는 현상에 지나지 않으니 결국 연기에 대한 가르침이야말로 무아론無我論까지 포함하게 되어 존재하는 모든 것을 꿰뚫는 진리가 되겠다.

강의가 불교의 무아론에 이르면 많은 학생들의 눈이 휘둥그레진다. 아니 세상에, 평화를 사랑하고 자비심 넘치는 착한 사람들이라는 불교도들이 자아自我(self) 또는 영혼(soul)의 존재를 믿지 않는다는 말인가? 서구 기독교 사회에서는 영혼의 존재를 믿지 않는 사람은 거의 자동적으로 부도덕(immoral)한 사람이라는 선입견의 피해자가 되곤 한다. 영혼을 안 믿으니 '잃을 것이 없다(nothing to lose)'는 식으로 막행막식莫行莫食하며 함부로 인생을 사는 형편없는 사람들일 거라고 믿기 때문이다. 그러면 나는 곧 "불교도들이 영혼이 없다고 하는 것은 그들이 사탄에게 영혼을 비싼 값에 팔아먹어서 그런 것이 아니라 불교도들은 처음부터 영혼이 존재하지 않는다고 믿기 때문이다."라고 해명해 준다.

위와 같은 나의 해명에 학생들 중 반 정도는 긴장을 풀고 그러려니 하며 받아들여 주지만, 교회를 열심히 다녀서 신앙심이 더 깊은 나머지 반은 의심쩍은 눈초리를 거두지 않는다. 그러면 나는 다음과 같이 질문하고 요구한다.

영혼이 있다면 그것은 자네들 각각을 자네들이게끔 해 주는 무엇일 것이다. 나를 이 우주에 오직 하나밖에 없는 유일한(unique) 존재자로 만들어 주는 어떤 굉장한 무엇일 것이다. 그것은 갓난아기 때부터 죽을 때까지, 아니, 죽고 난 다음에라도 변치 않으며 파괴될 수 없고 또 그래서 영원히 존재하는 것이어야 한다. 그런데 그런 것이 무엇인지 말해 줄 수 있겠는가? 자네를 자네이게끔 해 주는 것은 무엇인가? 그래서 그런 영혼의 존재를 믿지 않는 사람들을 설득시켜 줄 수 있겠는가? 가장 먼저 자네들의 교수인 나부터 설득시켜 보라. 그러면 이번 학기 성적은 무조건 A⁺를 주겠다.

최고 학점을 보상으로 내걸면 학생들은 한껏 웃으며 신나게 이런저런 답변을 시도한다.

"우리는 최소한 평생 같은 이름을 쓰지 않는가?"

"아니다. 사람들은 이름을 바꾸곤 한다."

"같은 생각, 같은 감정을 가지고 살지 않는가?"

"전혀 그렇지 않다. 정치적·종교적 신념은 변하고, 애인들도 변심할 수 있다."

"생긴 모습은?"

"굳이 성형수술을 언급하지 않더라도 사람은 나이가 들어가며 외모가 변한다. 주로 덜 아름다워지는 쪽으로."

"그럼 DNA는?"

"DNA도 시간이 지나면서 그 일부가 변한다. 화학물질 또는 방사선에 노출되면 변이가 일어나기도 한다. 한편 DNA를 구성하는 입자들은 끊임없이 새로운 입자들로 교체된다. 사람 몸의 모든 세포는 각각의 세포 주기에 따라 죽고 새로운 세포로 교체된다. 가지고 있는 어휘의 수도 변하고, 정서도 변하며, 의지나 감각 능력 등 우리가 생각하고 있는 모든 인지적 기능이 변한다."

평생 전혀 변치 않고 파괴되지 않아서 죽은 다음에도 영원히 나를 나이게끔 만들어 주는 것은 아무것도 없다. 그래서 영혼이나 참나는 없다. 눈감고 믿는 신앙으로 영혼이나 참나의 존재를 받아들인다면 모를까, 합리적으로 이치를 따져 가면서는 결코 무아론을 물리칠 수 없다. 그래서 지난 십여 년 동안 어떤 학생도 나를 설득시키지 못했다. 앞으로도 그럴 것이다.

내 불교철학 강의를 듣는 미국 학생들은 매 학기 첫 주부터 참나 또는 영혼이 존재하지 않는다는 소리를 듣고 큰 충격을 받으며 어리둥절해 한다. 그러면 나는 "자네들은 비싼 등록금 내고 대학에 들어와 이 자리에 앉아 있으니 무언가 새로운 것을 배워 좀 달리 생각할 기회도 가져야 하지 않겠는가. 한 학기 동안 불교를 통해 새로운 인생관과 새로운 세계관을 한번 마음껏 경험해 보기 바란다."고 말하며 수업을 끝낸다. 그럼 그들은 기대에 부푼 얼굴로 밝게 인사하며 강의실을 나간다.

제 **3** 강 ——— 깨달음의
패러독스

나는 학기 초에는 주로 무아에 대해 토론을 유도하고 연기에 대한 본격적인 논의는 학기 중반 이후로 미룬다. 일단 무아의 가르침과 그와 관련된 주제들에 대한 이해를 더 깊게 하기 위해서이다.

지난 강의까지 나는 자신의 삶에 대해서는 무아를, 그리고 세계에 대해서는 연기의 진리를 이해해야 깨달음에 이를 수 있다고 논의했다.

그런데 깨달음이 무아, 연기와 같은 철학적 진리에 대한 이해를 통해 가능한 것이 아니라 인격 수양과 참선 수행을 통해서만 이룰 수 있다고 믿는 사람들이 많다. 한국 불자들뿐만 아니라 내 미국 학생들 가운데도 불교에 관심을 가져온 이들은 명상과 도덕적 덕목에 대한 수양만이 우리에게 깨달음을 가져다준다고 믿는 경우가 대다수다. 하지만 도덕 수양과 명상 수행으로 이르게 되는 고뇌의 불길이 꺼진 경지는 사실 깨달음이 아니라 열반涅槃(nirvana)이다. 많은 이들이 이

두 개념을 혼동하고 있는데 실제 한국뿐 아니라 미국에서도 깨달음과 열반이 분명하게 구분되지 않고 서로 뒤섞여 이해되며 논의되곤 한다. 아마도 '깨달은 자'인 붓다가 언제나 동시에 '고뇌의 불길이 꺼진 상태'인 열반에 들어있다 보니 '깨달음'과 '열반'이 마치 동의어(synonym)처럼 여겨지게 되었는지도 모른다. 그러나 이것은 논리적으로 오류다. 예를 들어 금속 막대를 가열하면 연성軟性(malleability)과 전도성傳導性(conductibility)이 언제나 동시에 증가하지만 그렇다고 해서 이 둘이 동일한 게 아닌 이유와 같다. 또 바늘 가는 데 실도 같이 간다고 해서 바늘이 실 아닌 것과도 같다.

그럼에도 불구하고 열반과 깨달음의 차이를 분명하게 구별하기 어려워하는 학생들이 많다. 그들은 학기 초부터 '욕구와 집착의 제거', 그리고 '열반과 행복'을 관련지어 생각하며 이 둘 사이의 상관관계에 대해 질문하곤 한다. 불교는 집착의 제거를 통해 행복을 추구하는 종교라고들 막연히 들어와서 그렇다. 그러면 나는 타오르는 고뇌의 불길이 꺼져서 더 이상 고해苦海에 빠져 있지 않다는 다소 소극적인 의미의 열반과 적극적으로 어떤 긍정적인 무엇인가를 느끼고 있다는 의미의 행복은 다르다는 점을 일단 설명한 후, 논의의 편의를 위해 잠시 열반과 행복을 같은 그룹에 넣으며 행복을 다음과 같이 좀 조야粗野(roughly)하게 정의해 본다.

행복 = 충족 ÷ 욕구

행복은 욕구의 충족량을 욕구로 나눈 것

치즈버거 하나를 먹고 싶은 사람이 한 개를 맛있게 먹으면 행복하다. 더블 치즈버거를 먹으면 더 행복하다. 일정한 양의 욕구를 가지고 있을 때 그 욕구가 충족되면 행복하고, 어느 한계까지는 더 많이 충족시킬수록 더 행복하다. 그런데 우리에게 가능한 재화와 서비스의 양은 한정되어 있기 때문에 욕구 충족량을 증가시키기 위해서는 다른 이들과 경쟁해야 하고 또 그 과정에서 서로 많은 어려움을 겪게 된다. 게다가 인간의 욕구는 그대로 머물러 있는 것이 아니다. 기존의 욕구가 충족되면 충족될수록 우리는 더 많이, 더 좋은 것을 원하게 마련이다. 그래서 행복해지겠다고 점점 더 많은 욕구를 충족하려는 노력은 현명치 못하다.

한편 동일한 수준의 만족량을 유지할 수 없는 상황일 때 위의 공식에 따라 욕구를 줄여 나가면 전과 같은 수준으로 계속 행복할 수 있다. 더블 치즈버거 살 돈이 없으면 치즈버거 하나만 원하면 된다. 적게 원하면 적은 양으로도 얼마든지 행복할 수 있기 마련이다. 우리는 경험상 이것이 현명한 길이라는 점을 안다. 그런데 누군가 깨달아 열반에 든 이가 욕구의 양을 극도로 줄여 거의 0에 가까이 갔다고 가정해 보

자. 그러면 행복의 양은 어떻게 될까? 내가 이런 질문을 하면 언제나 "위의 공식에 의하면 그 행복량은 무한대에 다가가게 됩니다."라고 답하는 학생이 있다. 그러면 나는 다음과 같이 한 마디 더하며 학생들과 함께 웃는다.

"그래서 우리가 그림이나 조각에서 보는 모든 부처가 무한히 행복한 듯 신비한 미소를 짓고 있다."

그러나 함께 웃는 것도 잠시, 내 코멘트에 반대하는 학생이 손을 든다.

생존을 위해 기본적으로 충족시켜야 할 생리적 욕구조차도 모두 버려야 깨달을 수 있습니까? 깨달은 사람은 먹지도, 마시지도 않는다는 말입니까?

따지기 좋아하는 미국 학생이 당연히 제기할 만한 질문이다. 그러면 나는 불교에서 말하는 집착이란 실은 지나친 욕망(excessive desire, craving)을 말하는 것이기 때문에 목마르면 물 마시고, 배고프면 밥 먹는 단순한 것들까지 집착으로 인한 행위들로 분류할 필요는 없다고 덧붙여 준다. 그러나 학생들이 이 답변에 흡족해 하는 경우는 거의 없다. 오히려 언제나 한술 더 떠서 내게 도전한다.

불교에서 깨달으려는 욕구는 물 마시고, 밥 먹는 것과 같은 단순한 욕구가 아니지 않습니까? 생사生死의 문제를 완전히 해결하고 다시는 윤회에 떨어지지 않게 된다는, 정말로 굉장한 업적을 성취하려는 엄청난 욕구입니다. 깨달음을 원한다면 이런 굉장한 것에 대한 집착으로부터 자유롭지 못할 텐데, 그렇다면 과연 어떻게 깨달음을 얻을 수 있습니까?

누구나 욕망과 집착을 줄여야 깨달음에 이를 수 있다는 데는 별로 이의가 없다. 그렇다 보니 내가 불교철학을 강의할 때마다 논리적이고 비판적인 사고로 훈련된 미국 학생들은 꼭 한 번 위와 같이 묻는다. 나는 학생들을 위해 이 질문을 다음과 같이 정리해 준다.

깨달음은 모든 집착으로부터 자유로워야 가능하다. 그런데 우리는 깨달음에 집착하거나 집착하지 않는다.

1. 깨달음에 집착하면, 이 집착으로부터 자유롭지 못하기 때문에 깨달음이 불가능하다.
2. 깨달음에 집착하지 않으면, 깨달으려고 노력하

지 않을 것이기 때문에 깨달음이 불가능하다.

그러므로 깨달음은 불가능하다.

이것이 이번 에세이의 제목으로 정한 '깨달음의 패러독스paradox'다. 논리적으로 이렇게 귀결될 수밖에 없어 보이는 패러독스를 깨지 못한다면 깨달음은 결국 불가능할 것이다. 우리는 이 문제를 어떻게 해결해야 할까?

동아시아 선문 전통에서는 의외로 해결이 쉽다. 임제의 할과 덕산의 방으로 따끔하게 야단쳐서 이런 쓸데없는 논리적 사변일랑 집어치우고, 경전 부지런히 읽고 참선 수행 열심히 해서 단박에 깨치라고 독려하면 됐다.° 그러나 이것은 선사禪師의 절대적인 권위가 인정되고 그의 고함이나 몽둥이질 같은 비정상적인 교수법조차 허용되던 동아시아의 옛

○ 전통적으로 간화선 수행자들은 선사들의 할방喝棒뿐 아니라 일체의 다른 언행에 대한 해석을 철저히 금하고 있다. 적절한 때와 장소에서 어느 정도 준비가 된 학인學人을 단박에 깨치게 해 주는 선사의 가르침에 대해서는 어떤 해석이나 생각도 불가하다는 것이다. 그 자리에서 직접 경험하고 깨쳐 보지 못하면 알 수 없다고 한다. 그러나 나는 선禪에 대한 이러한 신비주의적 접근 방식이 현대인에게 어필하지도, 또 도움이 되지도 못한다고 생각한다. 이와 관련된 문제는 이 책 안에 있는 '제17강. 선의 합리적 이해'에서 더 논의된다.

날 낭만적 이야기다. 21세기 미국의 대학 강의실에서 교수가 학생들에게 고함치고 몽둥이질했다가는 파직은 물론 경찰에 체포되고 신문사와 방송국에서 당장 달려올 것이다. 그래서 비록 내가 할과 방을 흉내 내며 학생들과 한바탕 배를 잡고 웃지만, 좀 더 현대적이고 세련된 방법으로, 즉 '좋은 말로' 위의 패러독스 해결을 시도한다.

달라이 라마는 한 강연에서 깨달으려는 집착은 좋은 집착이니 반드시 가져야만 할 집착이라고 강조한다. 지나가면서 간단히 한 말이어서 이 문제와 관련된 그의 논의를 더 들을 기회는 없었는데, 그의 주장에 대해서는 '그러면 좋은 집착과 그렇지 못한 집착을 구별하는 기준은 무엇이냐?'는 질문이 곧 제기된다. 깨달음을 위해 도움이 되는 집착은 좋은 집착이고, 그 반대의 집착은 나쁜 집착이라는 것인가? 그렇다면 깨달음은 좋은 집착에 의해 가능하고, 좋은 집착은 깨달음에 의해 가능하다는 말이 되어 순환논법의 오류에 빠지게 된다. 좋든 나쁘든 집착은 집착이다. 그리고 또 위에서 지적했듯이 깨달으려는 집착은 정말로 엄청난 집착이다.○

○ 절집에서는 '깨달으려는 원력願力을 가져야 한다.'고 하지 '깨달으려는 집착을 가져야 한다.'고 표현하지는 않는다. 그러나 원력 또한 (좋은) 집착의 일종이기 때문에 윗글에서 전개한 내 논의의 요점은 그대로 유지된다.

학생들과 나는 다양한 각도에서 질문과 답변을 주고받으며 함께 이 패러독스를 해결하려 시도한다. 여러 차례 대화와 토론이 오고 간다. 그러다가 결국 깨달음을 위해 도움이 될 습관을 충분히 익힌 다음에는 깨닫고자 하는 욕구 때문에 처음에 가졌던 집착을 이제 의식의 표면에서 지워 버리면 된다는 결론으로 이끌어진다. 나는 이 과정을 단계별로 정리해 주곤 한다.

1. 수행자가 고해에서 벗어나고자 깨달으려는 강한 욕구와 집착에 사로잡혀 있다.

2. 깨닫기 위해 경전 공부와 참선 수행에 강한 집념(집착)으로 용맹정진勇猛精進한다.

3. 오랫동안 정진하다보니 몸과 마음에 자연스럽게 공부와 수행의 습관이 배어든다.

4. 깨닫겠다는 의식적인 욕구는 점차 잦아들어 나중에는 이런 욕구를 전혀 의식하지도 않게 된다. 그래서 아무런 집착도 없이 공부와 수행을 계속한다.

5. 심신心身에 밴 공부와 수행은 자연스럽게 수행자를 깨달음에 이르게 한다.

논리적으로는 해결할 수 없는 깨달음의 패러독스가 공부와 수행의 과정에서는 전혀 일어날 이유가 없다는 것이 학생들과 내가 도달한 결론이다. 다시 말해 논리적으로는 풀수 없는 패러독스가 실제의 수행 도량에서는 존재하지 않는다는 것이다. 우리가 내린 결론은 실제로 임제와 덕산의 할방喝棒 교수법이 보여주고 있는 점과 다르지 않다. 그들은 고함과 몽둥이로 깨달음에 도움이 안 되는 질문과 사변을 당장 내려놓으라며 단박에 깨침으로 이끌고자 했고, 우리는 현대적인 방식으로, 즉 좋은 말로 논리적 패러독스가 자연스럽게 사라져 가는 과정을 살펴보았다. 불자라면 내려놓을 집착은 내려놓아야 하고, 사라질 사변은 사라지게 해야 하며, 멈출 생각은 멈추어야 지혜롭다고 할 것이다.

마지막으로 다시 한 번 더 밝히지만, 이 글에서는 깨달음과 열반을 구별하지 않는 종래의 방식에 따라 '깨달음'이라는 단어를 사용했다. 엄밀히 말해 '깨달음의 패러독스'는 '열반의 패러독스'라고 부르는 것이 옳다.

제 **4** 강 ———— 윤회하는 것은
없지만
윤회는 있다

거의 모두가 기독교인인 내 미국 학생들은 참나 또는 영혼의 존재를 부정하는 불교의 무아론을 이치를 따져가며 살펴본 후에 결국 어쩔 수 없이 수긍한다. 그러나 싸워 보지도 않고 항복할 수는 없다는 듯이 거의 언제나 다음의 질문으로 도전한다.

불교는 윤회輪廻를 가르친다고 들었습니다. 윤회를 주제로 한 영화도 몇 개 보았습니다. 그런데 영혼이 존재하지 않는다면 어떻게 윤회가 가능합니까? 영혼 대신 윤회하는 것은 도대체 무엇입니까?

실은 미국 학생들뿐만이 아니라 네팔 출신이자 불교도인 학생들로부터도 같은 질문을 받곤 한다. 이 문제에 대한 고민은 동서고금을 막론하고 불교에 내재해 있는 것 같다. 나는 이런 진지한 질문에 대해 직접 대답하기보다는 학생들에게 먼저 스스로 답을 찾아보라고 권유한다. 그러면 곧 재미있는 답변들이 튀어 나온다.

(1) 영원불변·불멸하는 영혼은 없더라도 어떤 혼령 또는 혼백(spirit)같은 것이 있어서 그것이 윤회하는 것은 아닐까요? 디즈니 만화 영화 〈뮬란 Mulan〉에 보니까 아시아에서는 조상의 혼백이 살아 있다고 믿는 것 같습니다.

(2) 불교에서는 업業을 말하지 않습니까? 영혼은 없다고 해도 업이 뭉친 덩어리 같은 것이 윤회하는 것 아닐까요?

(3) 어떤 책에서 보니까 윤회란 죽음이라는 사건에 의해 다른 생명체가 의식을 가지고 탄생하게 되는 인과因果의 과정이라고 합니다. 윤회하는 주체는 없어도 이렇게 죽음 – 탄생 – 죽음 – 탄생…으로 이어지는 인과 관계의 연결된 고리들이 윤회가 아닐까요?

토론 위주로 가르치다보면 학생들이 열심히 생각한 끝

에 마침내 역사상 존재했던 그럴듯한 이론들을 나름대로의 방식으로 거의 모두 재현해 내곤 한다. 인간이라는 존재와 토론 위주의 교육 방식 둘 다 참 기특하다.

윤회하는 것 없이 윤회가 어떻게 가능하냐는 물음에 답하기 전에 나는 학생들에게 먼저 윤회의 개념을 선명히 이해해 보자고 제안한다. 윤회가 무엇인가를 바로 알아야 그것이 어떻게 가능할지도 알 수 있으니까.

윤회란 어떤 의식을 가진 것이 살다가 죽었는데 그것이 끝이 아니라 그가 계속 나고 죽고 또 나고 죽는 과정이 (깨달아서 해탈하지 않는 한) 무한히 지속되는 현상이다.

서구에서도 윤회를 주제로 한 영화나 소설이 많이 나오고 있어서 지금은 서구 학생들도 윤회에 대한 기초적인 이해는 가지고 있다. 영어권에서는 윤회가 통상 'reincarnation'이나 'transmigration'으로 번역되어 왔다. 그런데 비슷하지만 다른 것 같은 이 두 번역어 때문에 학생들은 또 질문한다.

'reincarnation'과 'transmigration'의 차이는 무엇입니까?

이 질문에 대해서도 다른 학생들에게 답할 기회를 먼저 주지만 지난 수년 동안 제대로 답한 학생이 없었다. 그래서 미국 학생들이 한국어가 모국어인 나로부터 영어 어원에 대한 강의를 들으며 이 두 단어의 차이를 이해하게 된다. 'reincarnation'은 원래 기독교의 개념인 'incarnation(肉化)'에 반복을 의미하는 접두사 're'를 붙여서 만든 단어다. 'incarnation'이란 성령(holy spirit)이 몸 또는 육신(-carn-) 안으로(in, into, intro) 들어가 예수가 탄생했다고 보는 기독교의 개념이다. 그런데 이 점을 염두에 두고 엄밀히 생각해 보면 'reincarnation(再肉化)'은 '윤회'에 대한 번역어로는 옳지 않다는 점을 알 수 있다. 그래서 나는 학생들에게 묻는다.

자네들은 그 이유를 알겠는가?

이번에도 학생들은 답을 하지 못한다.

동양뿐 아니라 서구에서도 오랫동안 이 세상에는 육신을 가지지 않은 순수한 정신적(mental, psychological) 또는 영적(spiritual)인 존재자들이 있다고 믿어 왔다. 동서양의 신화에는 이런 신 또는 천사 같은 존재자들에 대한 이야기가 무수히 많다. 불교는 이들도 깨달아서 해탈하지 않는 한 윤회의 굴레에서 벗어날 수 없다고 본다. 그런데 이승에서 좋은 업을 많이 닦아 다음 생과 그 다음 생 등에 이렇게 육신을 가지지 않고 순수하게 영적인 존재자들로 다시 태어난다면 그것은 reincarnation으로 보아서는 안 된다. 왜냐하면 육신(-carn-) 없이 비물질적으로만 존재하게 되기 때문이다. 그래서 윤회는 'transmigration'으로 번역해야 한다. 이는 단지 여러 생生에 걸쳐(trans-) 옮겨가면서(migrate) 생사를 반복한다는 점만 의미하기 때문에 꼭 육신을 빌어야 하는 'reincarnation'이 가진 엉뚱한 문제를 피해갈 수 있다. 내가 여기까지 설명하며 영어 실력(?)을 한번 과시하면 그 다음부터는 아무 학생도 원어민이 아닌 나의 어쩔 수 없는 발음이나 억양 등에 대해 아무런 불평도 하지 못하게 된다. 그래도 지금까지 오면서 영어 때문에 고생 많았다(휴…).

윤회의 개념을 설명한 다음에는 서구불교에서 표준적으로 사용하는 나가세나 존자의 '촛불 이어 켜기'의 비유를 통해 '윤회하는 것은 없지만 윤회는 있다'는 불교의 가르침을 전해 준다. 위에서 든 (3)의 견해가 이에 해당된다. 먼저 어두운 방에 여러 다른 물질로 만들어져 있고, 모양이나 크기, 색깔이 모두 다른 여러 개의 초가 있다고 가정해 보자. 이 가운데 하나를 골라 불을 붙여 본다. 이 촛불은 여러 시간을 타다가 꺼져 갈 것이다. 이것이 꺼지기 직전에 그 촛불로 다른 초 하나를 켜고 원래의 촛불은 자연스레 꺼지게 내버려 둔다. 이 두 번째 촛불도 여러 시간 후 꺼져 갈 무렵 세 번째 촛불을 켜고 꺼지게 둔다. 이 과정을 반복한다. 여기서 여러 다른 촛불은 여러 다른 생에 대한 비유이다. 그런데 여기서 각양각색으로 다른 여러 고뇌로 타오르는 촛불(삶) 사이를 관통하는 어떤 불변하는 주체가 있을까? 어떤 실체實體(substance)가 존재하고 그것이 이 모든 다른 촛불에 옮겨 다니면서 없어지지 않고 변치도 않으면서 지속적으로 존재할까? 아니, 그런 것은 없다. 각각의 촛불은 모두 각각 다른 초가 타면서 생긴 다른 촛불이고, 촛불이 번뇌의 비유라면 그 번뇌도 다른 삶이 가진 다른 번뇌이다.

그런데 위에서 말한 대로 여러 촛불 사이를 옮겨 가며 이동하는 어떤 한 주체는 없지만, 그럼에도 불구하고 윤회라는 현상은 의심의 여지없이 존재한다. 왜냐하면 여러 다른 촛불이 인과(또는 연기)의 과정에 의해 여러 다른 초로 옮겨 가면서 새 촛불로 타고 꺼지고 타고 꺼지고 또 계속 그러하기 때문이다. 이와 같이 지혜에 넘치는 비유를 이용한 설명은 2,200여 년 전 불교 승려인 나가세나 존자가 밀린다왕(이 왕의 그리스 이름은 메난드로스)의 다음과 같은 질문에 답한 내용이었다.

내가 존재하지 않는다면서도 윤회가 가능하다는

불교의 가르침을 어떻게 이해해야 합니까?

내 미국 학생들은 나가세나의 설명이 무척 인상적이라며 눈을 빛내며 고개를 끄덕인다. 밀린다왕은 알렉산더대왕 휘하 장군의 후예로서 현재의 파키스탄 지역 일부를 통치하고 있었다. 그는 알렉산더대왕의 스승이었던 아리스토텔레스를 위시한 그리스 철학자들의 철학으로 교육받고 사고력 훈련을 받은 사람이었다. 그런 그의 날카로운 논리적 질문은 오늘날도 내 불교철학 강의 시간에 같은 종류의 논리적 훈련을 받은 미국 학생들에 의해 계속 물어지고 있다. 그리고 나가세나 존자의 지혜로운 답변도 나 같은 교수들에 의해 다시금 주어지고 있다. 수천 년, 수만 리라는 시공時空의 간격을 뛰어넘으며 진행되고 있는 이런 진리 탐구 과정이 철학 선생으로서의 한 생을 한껏 신명나게 만든다.

한편 위의 (1)에서 조상의 숨결 같은 혼백(spirit)이 윤회의 주체일 것이라는 생각은 자이나교나 힌두교에서 말하는, jiva('jiv'는 원래 '숨쉬다'라는 뜻)가 윤회한다는 견해와 비슷하다고 볼 수 있다. 이 'jiva'는 여러 의미로 해석될 수 있지만 보통 개인의 영혼을 지칭한다고 여겨지는데, 이런 영혼의 존재는 앞서 논의한 불교의 무아론에 의해 반박된다는 점을 쉽게 볼 수 있을 것이다. 그래서 여기서는 더 이상 논의하지 않겠다.

위의 (2)에서 쌓인 업의 덩어리 같은 것이 윤회의 주체라는 생각은 언뜻 보기에는 그럴 듯하지만, 이것은 나가세나 존자의 설득력 있는 비유를 받아들이면서 이론적으로 조심스럽게 배제해 나가야 할 견해다.

나는 수업을 몇 번 한 다음부터는 좀 더 깊이 있는 철학적 논의를 하기도 하는데, 이 에세이에서도 한번 그렇게 해 볼까 한다.

나는 '업'이란 말을 단지 의식을 가진 생명체들의 행위와 그 행위의 결과를 설명하기 위해 만들어진 편리한 언어적 도구에 불과하다고 본다. 예를 들어 철수가 부정행위로 시험을 통과하여 교수에게 학점을 잘 받아 졸업한 후 직장을 얻었다고 가정해 보자. 그런데 몇 년 후 이 사실을 알게 된 교수가 그 과목 학점을 F로 처리하게 되어 철수는 졸업이 취소됨과 동시에 그 직장도 잃게 된다고 해 보자. 이에 대해 인과응보因果應報라는 표현이 딱 옳고, 우리는 철수가 지은 악업惡業 때문에 그 과보를 받았다고 표현하기도 한다. 그러나 엄밀히 보면 그런 업이라는 형이상학적 대상(entity)은 이 세상 어디에도 존재하지 않는다. 아무리 눈을 씻고 보아도, 아무리 마음의 눈으로 내성內省(introspection)해 보아도 그런 것은 없다. 말하자면 물리세계와 의식세계 그 어디에도 존재론적 대상으로서의 업은 존재하지 않는다. 여기서 실제로 일어난 일들이라면 단지 철수의 부정행위가 나중에 교수에게 발각되는 과정에서 이러저러한 조건들이 모여 철수의 졸업 자격과 직업을 유지하고 있던 조건들이 이러저러하게 흩어지게 된 것일 뿐이다. 이렇게 조건이 모이고 흩어지는 연기의 과정을 설명하기 위해 굳이 업이라는 미심쩍은 형이상학적 대상을 도입할 존재론적 이유가 없다. 좀 드라마틱하게 말해 보자면, 업이라는 대상과 개념을 이 세상에서 모두 없애도 이 세상에는 아무 변화가 없을 것이고, 부처님의 가르침에 털끝만큼의 변화도 없을 것이다. 조건들은 여전히 그러그러하게 모이고 흩어질 것이며, 인과응보를 비롯해 모든 연기하는 것들은 모두 계속 그러그러하게 연기할 것이다. 그렇다면 업이 실제로 이 세상에 따로 존재하는 어떤 대상이라고 볼 이유가 없다. 나의 이 논지는 인도에서는 '가벼움의 원리(the principle of lightness)'라고 불렸고, 서양에서는 '오컴의 면도칼(Occam's Razor)'이라고 불렸던 존재(와 사유)의 경제성의 원리를 따르자는 것이다.

Entities should not be multiplied without necessity.
(존재론에서) 존재하는 대상의 수數는 반드시 필요하지 않으면 증가되어서는 안 된다.

업에 대한 견해는 석가모니 부처님의 가르침을 위해 반드시 필요하지는 않다. 이런 면에서 볼 때, 업을 언급하는 (2)의 견해는 인과(와 연기)만을 이야기하는 나가세나 존자의 지혜로운 설명과 비교할 때 여러 수 아래의 설명이다.

제 **5** 강 ——— 윤회의
시작과 끝

서양에서도 윤회를 문자 그대로 받아들이지 말고 융통성 있게 해석하자는 움직임이 있다. 예를 들어 업에 따라 지옥·아귀·수라·축생·인간·천상계에 나고 죽는다는 육도윤회六道輪廻를 한 생에서도 지옥같이, 아귀같이, 수라같이, 축생같이, 인간답게 또는 천상의 신들처럼 사는 데 따라 이런 육도의 삶을 산다고 해석하기도 한다. 한편 좀 더 세련된 사고思考를 하는 이들은 순간순간 끊임없이 생멸하는 우리의 무상無常한 삶에서 실은 한 생에서도, 아니 하루에도 수만 번 나고 죽는 윤회를 거듭한다고 보기도 한다. 옛 선사들이 무릎을 탁 칠 이야기다.

미국 학생들은 윤회에 대한 유연한 해석에 대체로 시큰둥하다. 세련되지만 복잡한 해석은 단순 솔직한 사고방식을 선호하는 그들에게 맞지 않기 때문이다. 여러 생에 걸쳐 이루어진다는 윤회를 현대인들이 믿기 어려워하니까 내놓는 궁색한 변명 아니냐는 미심쩍은 표정들을 짓는다. 그래서 학생들은 윤회와 관련되지만 좀 다른 질문으로 내게 또 도전한다.

깨달아 열반에 들어 해탈하지 못하면 생사를 반복할 겁니다. 시간은 미래로 무한히(infinitely) 뻗어 있으니까 영원히 나고 죽겠지요. 그렇다면 윤회는 과거 언제 무엇에 의해 시작되었습니까? 기독교의 신과 같은 창조자의 존재를 부정하는 불교에서 이 우주와 윤회의 시작을 어떻게 설명할 수 있습니까?

내 미국 학생들은 기독교적 세계관을 확신하는 터라 내가 이 질문에 답변하지 못하리라고 확신하며 득의양양해 하곤 한다. 지금껏 들은 이야기가 하나님 이야기밖에 없다 보니 그렇다. 그러면 나도 함께 웃어 주며 기독교 창조론에 가벼운 견제구를 던져 준다.

서양인의 상식에서는 모든 것에 출발점이 있어야 한다. 기독교 성경은 태초, 그러니까 지금으로부터 약 6,000년 전쯤에 하나님이 말씀으로 만물을 창조했다고 한다. 고대 그리스의 아리스토텔레스도 모든 것의 원인과 또 그 원인의 원인을 한없이 거슬러 올라가면 끝내 그 스스로는 아무것에 의해서도 움직여지지 않았지만 모든 운동과 변화의 시원始原이 되는 부동不動의 원동자原動者(the Unmoved Mover)가 있다고 주장한다. 서양인들은 우주를 창조한 신이나 우주의 시작점을 말하지 않고 우주가 미래뿐 아니라 과거로도 무시無始 이래로(from the beginningless time) 영원히 존재해 왔다고 보는 불교의 우주관을 이해하지 못한다. 그러나 이는 서양인 자신들의 세계관을 철저히 비판해 보지 않아서 다른 세계관의 가능성을 보지 못하기 때문에 그렇다.

서양인들처럼 신이 이 우주를 창조했다고 가정해 보자. 그렇다면 그런 신은 누가 창조했느냐는 질문이 논리적으로 요구된다. 다른 어떤 누구 또는 무엇이 신을 창조했을 리는 없다. 만약 신만 못한 것이 무한히 위대한 신을 창조했다고 주장한다면 이는 신성 모독에 해당될 것이다. 그래서 (1) 신은 스스로를 창조했거나, 아니면 (2) 신은 영원한 과거로부터 언제나 존재해 왔다. 그러나 (1)은 불가능하고, (2)는 불교적 우주관과 별 차이가 없다. 그 이유는 다음과 같다.

(1) 신이 과거 어느 시점에 스스로를 창조했다고 가정하자. 그렇다면 신은 이 자기 창조(self-creation)의 시점에 존재했거나 존재하지 않았다. 그런데,

(a) 신이 이미 존재했다면, 이미 존재하고 있는 것이 창조될 수는 없기 때문에 신은 스스로를 창조할 수 없다.

(b) 신이 존재하지 않았다면, 아무것도 무無로부터 나올 수는 없기 때문에(Nothing can come out of nothing) 신은 스스로를 창조할 수 없다.

(a)와 (b) 이외의 다른 가능성은 없다.

그러므로 신의 자기 창조는 불가능하다(자기 창조의 역설, the paradox of self-creation).

(2) 신이 무한한 과거로부터(무시 이래로) 언제나 존재해 왔다고 해 보자. 이 가능성은 논리적으로 문제가 없다. 신이 존재한다면 그랬을 수도 있다. 그러나 그렇다면 신 대신 이 우주가 무시로부터 존재해 왔다고 보는 불교의 우주관도 논리적으로 하자가 없어서 기독교적 우주관과 동등하게 존중되어야 한다.

(1)과 (2)의 논의로부터 우리는 우주의 무한한 과거와 무한한 미래를 상정하는 불교의 우주관이 기

독교의 창조론과 그 형이상학적 위상이 동등하다
는 점을 볼 수 있다.

신이 무한한 과거로부터 언제나 존재했다는 주장이 수
용될 수 있다면 신 대신 이 우주가 언제나 존재해 왔고 따라
서 생사의 과정이 과거로 무한히 소급된다는 불교의 주장을
받아들이지 못할 이유가 없다. 그래서 무한한 과거로부터 존
재해 온 우주에서 조건이 모이고 흩어지는 생사윤회의 과정
이 무시 이래로 영원히 진행되어 왔다는 불교의 견해가 무한
한 과거로부터 존재해 온 신에 의해 약 6,000년 전 쯤 우주가
창조되었다는 기독교의 창조론과 동등한 수준의 설득력을
지녔다고 보아야 한다. 여기까지 말하면 합리적인 미국 학생
들은 거의 모두 내 논점을 수긍한다. 내가 자기들의 기독교
적 우주관을 공격하지 않고 불교의 우주관과 동등한 수준의
견해라고 살짝 올려 주어서 그렇기도 하겠지만.

그런데, 내 미국 학생들에게는 미안해서 말하지 않지만,
우주에 어떤 시작점이나 출발점 또는 기반이 있어야 존재하
는 것들이 움직이고 유지된다는 서양적 상식은 좀 너무 오
래된 조야한 생각이다. 시간이 과거로 무한히 소급된다면 현
재가 어떻게 지탱되느냐는 질문도 가끔 받는데, 이것은 하나
는 알고 둘은 모르는 소리다. 우주선이 지구에서 출발할 때

는 마치 땅(출발점, 기반)을 향해 로켓을 분사해서 그 반동을 이용해 중력권을 탈출하는 것 같지만, 땅이 없는 우주 공간에서도 로켓을 뒤로 분사하면 작용 반작용의 법칙에 의해 앞으로 나아간다. 받쳐 주는 기반 없이도 문제없다. 과거 서양인들은 지구가 어디엔가 고정되어 있어야 세계가 유지될 거라고 믿었지만 허공 가운데 붕 떠 맹렬한 속도로 돌고 있는 지구 위에서 우리는 잘 살고 있다. 우리 몸도 이 살과 뼈를 붙잡고 있는 어떤 무엇이 있는 것 같지만 실은 수없이 많은 소립자들이 무서운 속도로 움직이며 서로의 인력에 의해 수십 년 동안 한 몸뚱이를 잘 유지한다. 이 모두가 좀 촌스러운 서구적 상식에는 어긋나지만 우리는 여기에 아무 문제가 없다는 점을 잘 알고 있다.

실은 연기와 공空(관계와 변화)의 관점에서 세계를 바라보는 불교적 상식과는 참 잘 맞아 떨어진다. 석가모니 부처님은 우리 존재를 색色·수受·상想·행行·식識이라는 몸과 네 가지 심리 상태가 모여 있는 덩어리로 분석했는데, 이렇게 다섯 가지 다른 것들이 서로 끊임없이 상호 작용하고 생멸을 거듭하며 수십 년 동안 모여 있는 상태가 우리의 삶이다. 그리고 또 이런 삶은 그런대로 충분히 살만하다. 영혼이나 아뜨만atman(참나) 같은 것이 있어야 우리의 제대로 된 삶이 가능하다는 서구적(또는 비불교적) 관점은 나로서는 솔직히 좀 세련미가 없어 보인다. 불교의 이름 아래 잘못 가르쳐지고 있는 한국의 참나주의도 마찬가지로 지적知的으로 하나도 재미없다.

기독교적 우주관의 우월성을 증명하지 못해 좀 분한 내 미국 학생들은 그래도 질 수 없다며 또다시 질문한다.

무시 이래 진행되어 온 윤회에 시작점이 없을 논리적 가능성은 이해됩니다. 그리고 깨닫지 못하면 앞으로도 윤회가 영원히 계속될 것입니다. 그런데 누군가가 깨달아 열반에 들어 해탈한다면 그는 어떻게 됩니까? 다시 태어나지 않는다면 그는 어디로 갑니까? 해탈한 자는 과연 존재합니까, 아니면 존재하지 않습니까? 한마디로 윤회의 끝은 무엇이고 어디입니까?

2,500여 년 전 석가모니에게 질문된 물음이 오늘날 학생들에 의해 다시금 물어진다. 경전에 서술된 석가모니의 답변(response)에 대해 여러 해석이 가능하고 아직도 새로운 해설서가 계속 출판되고 있지만 나는 다음과 같은 방식의 해석을 선호한다.

석가모니는 열반에 들어 윤회로부터 벗어난 아라한이

존재하는 장소에 대한 질문에 그 질문 자체가 적절하지 않다는 식으로 답변한다. 타오르던 불꽃이 꺼졌다면 그것은 동으로도, 서나 남 또는 북으로도 가지 않고, 그렇다고 위 또는 아래로도 가지 않는다. 번뇌의 불길이 이제 꺼져 없어졌는데, 그 불이 어디로 갔느냐고 묻는 것은 아무런 의미가 없다. 이것은 물을 필요가 없는 지혜롭지 못한 질문이다. 한편 석가모니는 깨달아 무루열반에 든 아라한이 존재하는지 존재하지 않는지에 대한 물음도 모두 그런 물음 자체가 부적절하다는 방식으로 대답한다. 무아의 진리를 터득해 열반에 든 아라한은 처음부터 자성自性을 가지고 실재實在한 적이 없다. 다시 말해 공해서 실재한 적이 없다. 그런데 존재한 적도 없는 아라한이 열반에 든 다음 존재하느냐 않느냐를 묻는 것은 적절하지 않다. 이것은 마치 실재한 적이 없는 유니콘unicorn이 열반에 든 이후에도 존재하는지 그렇지 않는지를 묻는 것과 마찬가지로 무의미한 질문이다. 지혜롭다면 물어서는 안 될 질문이다.

　석가모니는 위에서 문제를 해결하려 하기보다는 그 문제 자체를 해체함으로써 처음부터 문제가 존재하지도 않았다는 점을 보여주는 지혜로운 답변 방식을 택했다. 서양철학에서는 20세기에 들어와 세기의 천재라 불리던 루트비히 비트겐슈타인Ludwig Wittgenstein에 의해 이런 문제 해체 방식이

시도되었다. 그도 훌륭했지만 부처님보다 25세기 정도 늦었
다. 이토록 지혜로운 부처님을 스승으로 모신 불자들은 복도
많다.

제 **6** 강 ───── 열반

우리가 깨달아서 궁극의 열반에 들지 못한다면 무시로부터 거듭된 생사고락의 윤회가 미래에도 끝없이 진행된다는 가르침은 참으로 가혹하다. 불자라면 받아들여야 하는 진리지만, 그렇다고 해서 그 참혹함이 덜어지지는 않는다. 그러나 내 미국 학생들은 곧, 그래도 우리가 열반으로 윤회의 굴레에서 벗어날 수 있다는 희망에 주목하며 다시 질문한다.

고뇌의 바다에서 벗어나려면 열반에 이르러야 한다는데, 그렇다면 열반이란 무엇입니까? 열반이 무엇인지 알아야 그것을 얻으려고 노력할 수도 있을 것입니다. 열반의 세계란 기독교에서 말하는 천국과 같은 것입니까? 아니면 모든 것이 평안하고 환희에 가득 찬 어떤 의식의 상태를 말합니까? 열반을 도대체 어떻게 정의하고 이해해야 합니까?

당연히 물어야 할 질문이지만 '열반'을 정의하는 문제가 제기될 때마다 나는 좀 장황하게 설교조로 강의하게 되곤 한다. '열반'을 말로 정의하기가 일반 상식적 방법으로는 어렵고, 또 그렇다 보니 지금까지 열반에 대해 많은 오해가 있어와서 그런 오해를 모두 불식시킬 필요가 있기 때문이다.

그런데 인도유럽어 계통의 영어를 사용하는 내 학생들은 실은 '열반'을 개념적으로 쉽게 이해하는데, 오히려 동아시아 언어를 사용하는 사람들이 이 개념을 논리적으로 이해하는 데 애를 먹는다. 그래서 나는 이번 강의에서 한국의 독자들을 대상으로 열반에 대한 내 나름대로의 미국식 강의를 해 보겠다.

정의하기 어려운 개념, '열반'

우리는 '열반'이라는 단어로 다양한 표현을 한다. '열반을 얻다', '열반을 성취하다', '열반에 이르다', '열반에 들다' 등등. 열반이 무엇인가를 알려면 이 모든 경우에 공통된 무엇을 찾으면 될 것 같은데 이 작업이 마음처럼 쉽지 않다.

'열반을 얻다'라고 하면 열반이 마치 무슨 대상이어서 가질 수 있는 어떤 것 같은데, '열반을 성취하다'라고도 하는 것을 보면 열반이 이루고자 하는 어떤 목표가 되는 것 같다. 또 '열반에 이르다'라는 표현은 열반을 마치 다가가야 할 어떤 목적지로 생각하게 하고, '열반에 들다'라는 말로 인해 열반이 우리가 들어가길 원하는 어떤 마음 또는 의식의 상태로 이해되기도 한다. 우리가 평소 쓰고 있는 이런 표현들로부터 그 표현들의 의미가 가진 공통점을 찾아 열반의 의미를 추적해 이해할 수 있으면 좋겠는데, 위에서 든 네 경우에서조차 어떤 공통된 특성을 찾기 어렵다.

혹시 우리가 열반에 대해 개념적으로 명료하게 이해하고 있지 못한 채 이런저런 표현을 써서 이런 문제가 생기는 것일까? 책상 앞에 정좌하고 숨을 고르며 이 문제를 논리적이고 비판적으로 검토해 보면 답이 나올까? 어떤 개념 또는 가르침에 대한 논리적 접근이 언제나 가장 적절한 것은 아니지만, 나는 열반에 관한 한 그 특성(?)을 논리적으로 파악해야만 원래의 가르침을 제대로 이해할 수 있다고 생각한다.

열반이 무엇인가를 단지 종교적으로만 접근해서는 결코 우리에게 도움이 되는 이해를 얻지 못할 것이다. 왜냐하면 내가 보기에 열반은 원래부터 논리적인 개념이기 때문에 그렇다. 그리고 위에서 든 예들과 같이 '열반'이라는 단어가 별 규칙이나 일관성 없이 사용되는 것처럼 보이는 이유도 논리적으로 접근해야 이해가 된다. 그 이유는 열반에 대해선 그 속성에 대한 어떤 긍정적 표현도 오류가 되고 단지 부정적 표현으로만 간접적으로 그 특성(?)을 기술할 수 있기 때문이다.

전통에 따라 조금씩 해석이 다를 수 있겠지만, '열반', 즉 'nirvana'라는 단어는 원래 '불길이 꺼진 상태'를 의미했다. 그것이 번뇌의 불이든 욕망의 불길이든 그것이 이제는 다타 버렸거나 아니면 큰 바람이 훅 불어와 꺼져 없어졌다는 것이다. 이것이 '열반'이라는 개념의 전부이다. 더 이상은 없기 때문에 여기서 더 나가지 말아야 한다. 그런데 만약 우리가 여기서 열반이 가져다준다고 허위 광고되어 온 굉장하고 근사한 어떤 선물을 찾으려고 노력하기 시작하는 순간 우리는 고해로 흘러가는 집착의 깊은 골로 다시 빠져 들어가게 된다. 혹자는 열반을 우리로 하여금 윤회에서 벗어나게 해 주고 무상을 극복하는 영원불변한 평화나 환희, 심지어는 열락悅樂의 상태라고 표현하기도 하는데, 이것은 모두 '열반'이라는 개념의 논리적 특성을 이해하지 못한 데서 오는 오류들이다.

부정의 방법

서양의 (자연)신학에서는 신의 개념을 정의하거나 신에 대해 기술하려면 부정否定의 방법(the way of negation, *via negativa*)을 통하는 수밖에 없다고 논리적으로 판단했다. 그보다도 천수백 년 앞서 인도인들은 우주의 근원이라는 브라만Brahman

도 긍정적인 표현으로는 정의가 안 되어 부정의 방법으로만 표현하고 가리킬 수 있다고 그들의 베다Veda에서 말하고 있다. 온 우주의 모든 것을 가능하게 해 온 그 어떤 근원 또는 기체基體는 모든 면에서 가장 위대할 수밖에 없다. 그런데 너무나도 위대해서 우리가 그것을 직접적으로 긍정적인 방식으로 표현할 길은 없다. 왜냐하면, 예를 들어 브라만이 색깔이 있을까? 브라만은 어떤 특정한 색깔이 없다. 고정된 색깔이 있다면 브라만은 바로 그 색깔이어야 한다는 점에서 그만큼 위대성이 제한되기 때문이다. 무한히 위대한 브라만이 그럴 리가 없다. 모양도, 무게도, 촉감 등도 모두 이런 면에서 브라만의 속성이 될 수 없다.

그러면 브라만이 탄생하게 된 가계 족보(genealogy) 같은 것은 있을까? 브라만이 어떤 가계를 갖는다면 그것은 그런 가계를 가져야만 하게 되어 그것의 위대성이 침해된다. 그래서 브라만은 가계도 없다. 브라만은 나이도 없고, 시간이나 공간에 제약받지도 않고, … 결국 브라만은 어떤 긍정적 표현으로도 포착되지 않고 오직 부정의 방법에 의해서 '~는 아니다'라고 간접적으로 표현될 수밖에 없다. 그래서 비록 긍정적 표현으로 기술할 수는 없지만, 이 모든 가능한 부정적 표현으로 배제되지 않는 존재자의 교집합 같은 것이 브라만이라고 보면 큰 무리가 없겠다. 서양의 (자연)신학과 힌두교의 전신인 바라문교는 이렇게 부정의 방법으로만 가리켜지는 존재자를 신 또는 브라만이라고 불렀다. 인도에서 이 브라만은 절대적인 객관적 실체로서 온 우주의 근원이고 기체이다.

불교의 '열반'도 원칙적으로 부정의 방법으로만 표현될 수 있다. 그것은 '번뇌의 불길이 꺼진 상태' 그 이상도, 이하도 아니다. 그런데 언제나 그렇듯이 불교에서는 이런 부정의 방법을 통해서 남겨지거나 가리켜진 어떤 무엇(?)이 결코 서양의 신이나 인도의 브라만처럼 절대적인 존재로서의 실체라고 말하지 않는다. 불교는 연기와 공의 가르침으로 그런 것의 존재조차 부정하기 때문이다. 브라만도 없고, 아뜨만도 없다. 그리고 이 점이 불교와 다른 거의 모든 종교를 구별해 주는 중요한 포인트다. 불교는 다른 종교와 철학이 그들의 가장 앞선 논증으로 겨우겨우 도달한 결론에서 언제나 한 걸음 더 나아가 그들의 결론을 뒤돌아보며 웃음 짓는다. 열심히 노력해서 갸륵하지만 아직 한 수 아래라고 보면서.

논리와 비판적 사고

영어로 'Nobody loves me.'라고 하면 아무도 나를 사랑하지 않는다는 말이지 'Nobody'라는 이름을 가진 사람이 나를 사랑한다는 말이 아니다. 'There is nothing good.'은 아무 괜찮은 것도 없다는 뜻이지 'nothing'이라는 괜찮은 something이 있다는 뜻이 아니다. 'Nobody'와 'nothing'은 모두 각각 부정을 뜻하는 접두사를 가지고 있는 단어들이다. 내가 아는 한, 동아시아 언어로는 이들 각각을 풀어쓰지 않고 한 단어로 번역하기 곤란하다. 'nirvana'도 마찬가지다. 한자어 번역인 '열반'은 음차音借이지 뜻을 푼 번역어가 아니다. 그리고 '모든 중생이 번뇌의 불길이 꺼져/없어져 열반을 얻었다'는 말은 모든 이가 번뇌(suffering)를 더 이상 겪지 않는다는 뜻이지 번뇌가 꺼져서 '열반'이라는 굉장한 무엇을 새로 얻었다는 뜻이 아니다. 석가모니가 가르침을 펼 때 인도유럽어 계통의 언어를 사용했을 텐데, 그의 가르침 가운데 이런 면은 동아시아 언어를 사용하는 사람들이 쉽게 따라가기가 어려워 보인다.

불교의 가르침은 논리적으로 정교하게 따라가야 이해할 수 있는데, 그렇기 때문에 불교가 다른 종교나 철학보다 어렵다는 소리를 듣는다. 나는 가끔 석가모니가 성불 당시 그가 이 세상에 더 이상 남아 있을 이유가 없을지도 모른다고 생각하며 가르침을 망설인 이유를 알 것 같기도 하다. 특히 그 오랜 옛날 문맹률이 99퍼센트를 넘었을 때 이런 첨예한 논리를 바탕으로 하는 진리를 도대체 누구에게 가르칠 수 있었겠는가. 오늘날 서양에서도 불교학자들 가운데 논리와 비판적 사고에 취약한 사람들은 석가모니가 열반에 대해 서술해 놓은 부분이 거의 없다고 불평한다. 그러나 논리적인 측면에서 보면 석가모니가 그렇게 한 이유가 지극히 자명하다. '번뇌와 집착의 불길이 꺼진 상태'라는 부정적 표현으로밖에 가리킬 수 없는 상태에 대해 도대체 어떤 긍정적인 표현이 가능하단 말인가. 어떤 긍정적 표현도 열반의 상태를 왜곡되게 기술할 수밖에 없으니 석가모니가 더 이상 언급하지 않았을 뿐이다. 이러한 석가모니의 깊은 의도를 고만고만한 서양학자들이 어떻게 헤아릴 수 있겠는가.

열반은 열락과 아무 관련이 없다

깨달아서 열반에 들면 열락을 경험하게 된다고 하며 마치 그것이 열반의 본질인 양 약장수처럼 떠벌리는 사람들이 아직도 꽤 있다. 그런데 이것은 열반의 논리적 성격을 전혀 이해하지 못한다는 증거다. 지금까지 위에서 여러 차례 강조했듯 열반은 '번뇌의 불길이 꺼졌다'는 부정의 방법으로만 표현될 수 있지 '열락을 즐기다'와 같은 긍정적인 표현으로는 필연적으로 그 의미를 왜곡하게 된다. 그리고 여러 문헌은 어떤 비구들이 열반에 들어 이런 열락, 환희, 찬란한 빛 같은 것들을 경험했다며 자랑스레 떠드는 것에 대해 엄중히 경고한다. 열반 상태에서 얻는다는 이런 굉장한 상償(award)은 열반과는 본질적으로 아무 상관이 없다. 오히려 우리가 그런 '떡'에 집착하게 된다면 그 집착으로 인해 번뇌의 불길이 다시금 타오르게 될 것이다. 나는 이미 경전을 통해 분명히 밝혀진 열반의 논리적 성격이 왜 동아시아에서는 괴상하게 변형되어 받아들여져 왔는지 답답하게 느끼곤 한다. 그러다가 1960년대 이후 미국에 이런저런 불교가 수입될 때 많은 히피들은 그들이 '열락과 환희의 상태'라고 착각한 불교의 열반과 마약을 복용하며 즐긴 환각 상태를 동일시하게까지 되었다. 이런저런 마약을 섞어 '깨달음 알약(enlightenment pill)'을 만들겠다고 나선 이들도 있었다. 실제로 미국에 불교를 정착시킨 미국인의 상당수가 히피였다는 불편한 진실을 책과 강연을 통해 많이 접해 왔다.

　만약 어떤 이들이 열반이란 어떤 영롱한 실체로서의 참나, 참마음, 불성佛性 같은 것들을 깨치면서 이르게 된다고 생각한다면 이것은 최소한 불교에서 말하는 열반이 아니라는 점만은 알아주었으면 좋겠다. 그것은 바라문교와 힌두교의 이야기다. 다행히 지금은 석가모니 생존 시와는 정반대로 99퍼센트 이상의 사람들이 글을 읽고, 그 당시와는 비교도 안 될 만큼 좋은 교육을 받으며, 넓은 세상의 다양한 학문에 대해 온갖 정보를 다 가지고 있다. 그러니 이제는 차분히 앉아서 참나, 참마음, 불성 같은 것들에 대한 맹목적인 믿음은 옆에 치워 두고, 맑은 마음으로 열반이 무엇인가를 곰곰이 비판적으로 따져 보아야 한다. 특히 석가가 열반에 대해 언급을 자제한 이유를 논리적으로 이해해 보려 노력해야 한다. 그리고 스님이나 재가법사는 신도들이 좌선이나 염불을 하다가 묘한 기분이 든 것을 그들이 깨달아 열반을 경험한 것이라고 착각하고 오해하게 만들지 말아야 한다.

제 **7** 강 ——— 열반은 있지만
열반하는 것은
없다

무엇이 열반한다는 것인가

명상을 통해 행복감에 젖어 열락을 즐기는 것이 열반이라고 짐작해 온 미국 학생들은 열반에 대한 내 논리적 설명에 김이 빠진다. 그러나 곧 똑똑한 학생 몇이 날카로운 질문을 던진다.

그런데 열반은 누가 합니까? 석가모니는 자아가 존재하지 않는다며 무아를 설했는데, 존재하지도 않는 수행자가 어떻게 열반에 들 수 있습니까? 열반에 드는 자가 없어도 열반이 가능합니까?

이것은 무아론을 따르자면 열반하는 주체가 없다고 인정해야 할 텐데, 열반하는 것 없이 열반이 어떻게 가능하냐는 질문이다. 지난번에 아라한의 열반 이후 존재에 대한 질문은 무아론을 이해한다면 물어져서는 안 된다는 내 설명을 이해한 학생들이 그 이해의 바탕 위에서 열반의 주체에 대한 불교의 견해를 묻는 셈이다. 좋은 질문이다.

여러 다양한 답변이 가능하겠지만, 학생들이 아직 내 강의를 충분히 듣지 못했기 때문에 나는 그들이 알아들을 수 있는 방식으로 답해야 한다. 그래서 나는 '아뜨만(self, 영혼)으로서의 참나가 없다고 해서 개인 인격체(person)로서의 나마저 없다는 것은 아니다'라는 점을 논의하게 된다.

인격체로서의 '나'는 존재하는가

불교는 우리에게 참나(self)가 존재하지 않는다고 논하지만, 그렇다고 현실세계를 사는 인격체(person)로서의 나의 존재조차 부정하지는 않는다. 많은 이들이 이 점을 오해하고 있다. 색·수·상·행·식으로서의 몸과 네 가지 의식 상태가 부분들(parts)을 이루며 만들어진 전체(whole)로서의 인격체는, 비록 실재(real)하지 않는 허구(fiction)에 불과하지만, 일상생활의 편리를 위해 임시로(假), 또 현상으로(幻) 존재한다고 보아도 좋다. 이 점을 예를 들어 설명해 보겠다.

우리 앞에 무게 15킬로그램인 자전거가 있다고 하자. 이 자전거는 실재하는가? 어리석은 질문 같지만 문제는 그리 단순하지 않다. 먼저 이 자전거의 부품들이 다음과 같이 무게 나간다고 해 보자.

(1) 바퀴 하나 당 3킬로그램 × 2 + 프레임 5킬로그램 + 핸들 2킬로그램 + 안장과 나머지 모든 작은 부품들을 합쳐서 2킬로그램 = 15킬로그램

그런데,

(2) 자전거 전체도 15킬로그램

부품들이 모여 15킬로그램을 이루는데, 전체로서의 자전거도 나름대로의 무게가 15킬로그램이라면, 우리 앞에 놓인 이 자전거는 합계 30킬로그램이어야 한다. 그러나 우리 앞에 놓인 이 물체는 15킬로그램밖에 안 된다. 그렇다면 (1) 부분들의 모임과 (2) 전체로서의 자전거 둘 가운데 하나는 실재하지 않는 허구일 것이다. 어느 것이 허구일까?

아비달마 계통 문헌과 현대 분석철학 주류 의견에 의하면 실재하는 부품들이 모여서 전체라는 허구적 존재가 생긴다. 나는 자전거가 수행하는 모든 기능을 부품들이 일정 방식으로 모여 만드는 현상으로 설명할 수 있기 때문에 우리가 전체로서의 자전거가 따로 실재한다고 보아줄 존재론적 이유가 없기 때문이라고 생각한다. 『밀린다왕문경』에 나오는 개념적 허구로서의 수레의 예 같은 것들도 이와 같은 종류의 논증을 이용하고 있다. 전체로서의 자전거는 실재하지 않는 허구로 보아야 한다.

위의 논증은 부분들로 이루어져 있는 이 세상 모든 복합체 사물(composites)에 적용된다. 책상, 펜, 컴퓨터, 자동차, 나무, 동물, 바위, 물, 구름, 나라 등등. 그리고 우리들 각각의 인격체도 색·수·상·행·식이라는 오온五蘊으로 이루어져 있는 복합체로서 실재하지 않는 단지 개념적 허구에 불과하다.

방편으로 존재하는 인격체로서의 나

그런데 우리에게 익숙한 복합체 사물을 정말 실재하지 않는 허구로만 받아들여야 할까? 반드시 그렇지는 않다. 불교에서는 이 허구를 편리한 도구로 여기며 일상에서 사용할 것을 허용한다. 그 이유를 보기 위해 자전거의 예로 돌아가 보자. 우리가 자전거를 지칭할 때 허구인 자전거를 언급하지 않겠다고 해서 그 대신 '바퀴 두 개와 프레임, 핸들, 그리고 안장과 기타 부품들이 이러저러하게 복잡하게 연결되어 있는 구조물'이라는 식으로 표현할 수는 없다. 그리고 자전거보다 훨씬 복잡한 부품들로 이루어져 있는 자동차나 비행기의 경우에는 이런 부품들을 모두 나열하고 각각의 부품들의 연결된 상태를 완전히 기술하려면 책 몇 권씩의 분량만큼 복잡한 표현을 써야 그것들을 지칭할 수 있을 것이다. 얼토당토않은 생각이다. 이와 같은 이유 등으로 전체로서의 허구의 존재는 우리 일상을 위해 필요하다.

불교는 아비달마와 중관학파 이후 진제眞諦(the ultimate truth)와 속제俗諦(the conventional truth)를 구별한다. 속제란 우리 상식에 맞고 또 우리의 행위를 성공적으로 이끌어 주는 진리(?)를 말하고, 진제란 사실에 부합하고 아무런 개념적 허구의 존재를 상정하지 않는 진리를 말한다. 나는 이러한 진속이제眞俗二諦의 구분으로 궁극적으로는 허구에 불과한 복합체를 일상에서는 엄연히 존재하는 것으로 받아들일 수 있다고 생각한다. 왜냐하면 자전거나 자동차 등이 단지 개념적 허구가 아니라 실제로 존재한다고 믿으며 살 경우 우리 일상이 더 성공적이기 때문이다. 말하자면 그것들의 존재를 진제로는 받아들일 수 없지만 일종의 방편方便으로서 속제로는 받아들일 수 있다. 그래서 이 세상의 무수한 복합체들은 우리의 상식 그대로, 즉 속제로서 그 존재를 인정받게 된다.

인격체로서의 나 또한 색·수·상·행·식이라는 여러 부분들이 모여 이루어진 복합체로서 진제의 입장에서 보면 허구이지만, 이러한 개념은 우리 일상생활을 위해 필요불가결하다. 예를 들어 도널드 트럼프에 대해 지칭하고 그에 대해 이야기하기 위해 그를 구성하고 있는 물리적·심리적 부분 요소들과 그것들 사이의 관계를 모두 나열하고 표현할 수는 없는 노릇이다. 도널드 트럼프가 속제로는 정말 존재하는 것이다. 그리고 이런 실용적인(pragmatic) 속제의 입장은 거의 모든 경우에 우리의 삶을 더 성공적으로 이끌어 준다. 진제의 입장에서는 어느 인격체도 복합체로서 자성을 결여한 채 공하여 실재하지 않지만, 속제의 관점에서 보면 우리 개개인은 세상에 엄연히 존재한다.

진제의 관점에서는 진정한 나의 존재, 즉 나를 나이게끔 해 주는 어떤 불변의 자성을 가진 실체로서 참나의 존재를 받아들일 수 없다. 그러나 일상을 살아야 하는 우리에게 인격체로서 나의 존재는 속제로서 십분 받아들이게 된다. 다시 말해 불교에 참나는 없지만 오온의 복합체로서의 나는 있다.

한국에서 무아론이 논의될 때 이 점이 많이 오해되어 왔다. 그래서 이 기회에 불교가 참나의 존재를 부정한다고 해서 인격체로서의 나의 존재마저 부정하는 것은 결코 아니라는 점을 분명히 하려 한다.

깨달음을 향한 구도의 길에서 우리는 참나가 없다는 무아의 진리를 언제나 상기하고 있어야 한다. 그렇지만 인격체로서의 나는 일상에서 현상(假, 幻)으로서 존재한다. 불교에서는 '참나는 존재하지 않지만 나는 존재한다.'라는 명제를 조심스럽게 받아들일 수 있다.

이제 이 글 앞머리에서 제기된 문제를 이 명제와 관련지어 다시 질문해 보자. 존재하지 않는 참나로서는 아니지만 인격체로서의 나는 열반의 주체가 될 수 있는가?

열반은 있지만 열반하는 것은 없다

『금강경金剛經』은 보살이라면 무수한 중생을 구제하고도 실제로는 단 하나의 중생도 구제하지 않았다는 점을 안다고 논하고 있다. 내 불교철학 강의에서 그 이유를 묻는 시험 문제를 내곤 하는데, 그것은 물론 무아의 진리에 비추어 보면 단 하나의 중생도 구제된 적이 없기 때문이다. 보살의 자비행은 오온의 덩어리에서 타오르는 번뇌라는 현상을 제거해 줄 뿐이지 존재하지 않는 참나를 가진 중생은 존재하지 않으니 구제할 것이 없다. 그렇지만 오온 다발로서의 인격체나 유정물有情物은 속제의 차원에서 엄연히 존재하기 때문에 이들도 일종의 현상(假, 幻)으로 존재하는 중생이라고 볼 수 있다. 그리고 보살은 이들을 번뇌로부터 구제하는 자비행을 베푼다. 그래서 보살은 (참나를 가진) 중생을 구제하지 않지만 (오온 덩어리로서의 중생을) 구제하지 않는 것도 아니어서 중생을 단지 묘하게 구제한다. 그러나 물론 무아의 진리에 철저해야 할 깨달음의 관점에서 본다면 『금강경』의 구절과 마찬가지로 보살은 단 한 중생도 구제한 적이 없다.

　　열반의 주체에 대해서도 마찬가지 논의가 가능하다. 무아의 진리를 따르는 진제의 입장에서는 처음부터 열반하는 것은 존재한 적도 없지만, 오온 덩어리로서의 수행자는 속제로는 존재하니까 이 수행자가 열반의 주체라고 말할 수도 있다. 그래서 궁극적 관점에서는 열반하는 것이 없지만 일상의 관점에서는 열반에 드는 것이 있다고 볼 수 있기 때문에, 결국 열반에 드는 것이 묘하게 있다. 그러나 무아의 진리에 철저해야 할 깨달음의 관점에서 본다면, 깨달음을 통해 열반이 이루어진 상태에서는 그 열반을 향해 정진했다는 수행자가 처음부터 주체로서 존재하지 않았다는 점이 분명하다. 모든 번뇌의 불길이 꺼진 열반이란 상태는 존재하지만, 그렇게 열반을 이루는 주체는 실제로 존재한 적이 없다. 즉 열반은 있지만 열반하는 것은 없다.

제 **8** 강 ——— 불성에 대한
새로운 이해

나는 학생들과 매시간 5분 정도 입정入定한 다음 강의를 시작한다. 그러면 학기 중반을 넘어설 무렵 학생 몇몇이 명상의 교리적 근거에 대해 질문하곤 한다.

5분의 참선만으로도 마음이 맑아집니다. 그래서 집에 가서도 종종 참선을 합니다. 그런데 참선이 깨달음과 열반에 어떻게 도움이 됩니까? 마음이 한없이 맑아지면 깨닫게 되나요? 아니면 명상과 관련된 다른 근거가 있어서 깨닫는가요?

구체적인 예로 문제에 접근하기 좋아하는 영미권 학생들을 위해 나는 선禪에서의 수행 방법을 소개한다. 일본 조동종曹洞宗 선사들을 통해 소개되어 서구에서 인기 있는 묵조선黙照禪은, 간단히 설명하자면, 잡념이 모두 떨어져 나가게 해 마음을 깨끗이 비우고 비추어 보아 그 안에서 자연스럽게 떠오르는 불성을 깨치면 깨닫는다고 한다.° 한편 한국불교의 간화선看話禪은 화두話頭를 잡아 그것을 마치 마음을 청소하는 세제처럼 사용해 마음속 모든 상념을 씻어 내어 어느 순간 웅크리고 있던 불성을 깨치면 그것이 깨달음이라고 한다. 그런데 불교교리를 논리적으로 투철하게 이해하려는 미국 학생들은 또 반대한다.

누구나 가지고 있다는 불성은 깨끗한 영혼 같은 것 같습니다. 참선 수행을 통해 원래의 순수한 영혼을 되찾으면 기독교에서 구원받듯이 불교적 깨달음에 이른다고 보아도 될까요? 만약 그렇다면 불성이 영혼이나 아뜨만과 어떻게 다릅니까?

이것은 대승大乘 전통 일부와 선문의 불성에 관한 견해가 붓다의 무아론과 논리적으로 충돌하지 않느냐는 의문이다. 똑똑한 학생들이 제기할 수 있는 좋은 질문이다. 주지하

○   선문에서는 돈오頓悟로서의 깨침과 증오證悟로서의 깨달음을 구별하기도 하지만, 미국 대학 학부생들을 상대로 한 강의 경험을 이야기하는 이 글에서는 이 둘 사이의 엄밀한 구분 없이 논의를 전개하겠다.

듯이 불성 여래장 사상이 원래 시작된 곳은 인도이지만 동아시아의 선이야말로 이 사상을 바탕으로 발전해 오늘날 가장 널리 알려진 불교의 형태이다. 그래서 선이 현대적으로 해석되어 계속 진화하기를 희망하는 나는 그 목표를 위해 일단 학생들과 불성 사상에 대한 비판적 고찰을 시도한다.

불성 사상이란 모든 유정물이 (혹자는 모든 무정물無情物까지도) 이미 근본적으로 깨쳐 있어서(本覺) 원래부터 붓다라는 주장이다. 이 사상에는 모든 유정물이 깨달아 붓다가 될 가능성이 있다는 해석으로부터 이미 모두 부처이기 때문에 그것을 자각하기만 하면 성불한다는 강한 주장에 이르기까지 다양한 스펙트럼의 해석이 있다. 이러한 다양성에도 불구하고 그 공통된 주장은 모든 유정물에 고정불변한 본성으로서의 불성이 평등하게 또 보편적으로 존재한다는 것이다. 그런데 이 불성 사상이 모든 유정물(과 무정물)에 그것을 그것이게끔 만들어 주는 아뜨만 또는 자성이 존재하지 않는다는 붓다의 제법무아諸法無我의 가르침과 과연 양립 가능한가(compatible)? 그럴 수 없는 것 같다.

모든 사물이 조건에 의해서 생성·지속·소멸한다는 붓다의 연기에 관한 가르침이 불교교리의 근본이라는 점에는 이의가 없을 것이다. 그런데 우리가 붓다의 연기론을 받아들이는가의 여부와는 상관없이 나는 다음과 같은 내 철학적 논

증으로 불성(과 아뜨만 그리고 자성)의 존재가 반박된다고
생각한다.

불성이 존재한다면 불성은 조건에 의해 생멸하거
나 조건에 의해 생멸하지 않는다.

(1) 불성이 조건에 의해 생성·지속·소멸한다면, 불
성의 존재는 조건에 의지할 수밖에 없다. 그런
데 끊임없이 변하는 (무상한) 조건들에 의지하
는 한, 불성은 사물의 고정불변한 본성(intrinsic
nature)이 될 수 없다. 따라서 모든 유정물에 고정
불변하다는 불성은 존재하지 않는다.

(2) 불성이 조건에 의해 생성되지 않았다면, 그 불
성은 스스로부터 기원했을 것이다. 그러나 불성
의 자기 기원(self-origination)은 불가능하다. 왜냐
하면 불성은 자기 기원 당시 존재했거나 존재하
지 않았을 텐데,

(a) 불성이 자기 기원 당시 존재했다면, 이미 존
재하고 있는 것이 다시 솟아난다는 것은 이
치에 맞지 않으므로 불성의 자기 기원은 불

가능하다.

(b) 불성이 조건에 의해 생성되지 않았으면서
　　자기 기원 당시 스스로 존재하지도 않았다
　　면, 아무것도 무無로부터 나올 수는 없으므
　　로 불성의 자기 기원은 불가능하다.

(1)과 (2)에 의해 고정불변하며 상주常住하는 불성
은 존재하지 않는다.

위의 논증에서 '불성' 대신 '아뜨만'이나 '자성'을 대입하
면 그것은 바로 아뜨만이나 자성의 존재를 반박하는 논증이
된다. 내 불교철학 강의를 들은 미국 학생 가운데 아직 아무
도 위의 논증에 이의를 제기한 녀석은 없다. 오히려 강력한
논증이라며 그 매력을 즐기는 녀석들이 여럿 있었다. 가끔
자기들이 믿는 영혼이나 신의 존재에 대해서도 같은 구조의
논증을 적용해 보면서.

그런데 실은 나는 '불성'이라는 대단히 편리한 개념을
포기할 생각이 없다. 그 이유를 한번 설명해 보겠다. 일상 언
어에는 우리가 흔히 쓰기 때문에 마치 그 말의 대상이 세계
에 실재하는 것처럼 착각하게 만드는 어휘가 많다. 책상, 펜,
엔진, 날개 등 그것들이 수행하는 기능(function)에 의해 정의

되는 사물들이 모두 그렇다. 예를 들어 엔진은 화학 에너지를 운동 에너지로 변환시켜 주는 기능을 수행하는 장치라고 정의된다. 자동차 엔진은 휘발유를 연소시켜 나오는 화학 에너지를 이용해 바퀴를 돌리는 운동 에너지를 생산한다. 엔진의 모양은 다양하며, 그 재질이 반드시 금속일 필요 없이 원칙적으로 세라믹이나 돌 또는 플라스틱 같은 재료로도 엔진을 만들 수 있다. 어떤 물체가 화학 에너지를 운동 에너지로 변환시키기만 한다면 그것은 만들어진 재질, 모양, 색깔, 크기 등에 상관없이 모두 엔진이다. 그리고 이런 관점은 책상, 펜, 날개 등에도 모두 그대로 적용된다.

그런데 내 눈 앞에 주차되어 있는 이 자동차의 엔진, 한강 위에 떠 있는 저기 저 작은 보트의 선박용 엔진, 그리고 하늘을 나는 저 은빛 비행기의 엔진을 직접 손가락으로 가리키고 또 원칙적으로 만질 수도 있지만, 그렇다고 해서 우리가 어떤 추상적인 존재로서의 엔진 그 자체와 같은 형이상학적 대상이 따로 존재한다고 생각할 이유는 없다. 어떤 구체적인 엔진이면 엔진이지 어떤 황당한 형이상학적 공간에 존재한다는 (플라톤이 말할 법한) 엔진의 형상 같은 것을 존재세계의 구성원으로 받아들여 줄 필요가 없기 때문이다. 펜, 날개, 선풍기, 냉장고 등에 대해서도 모두 마찬가지다. 우리 세계에 실제로 존재하는 대상은 내 손안의 볼펜, 하늘을 나는 저

새의 날개, 부드러운 소리를 내며 도는 옆방의 선풍기, 그리고 우리 집 냉장고 같이 구체적인 물체들이다.° 형이상학적인 존재로서의 펜 그 자체, 날개 그 자체, 플라톤의 이데아와 같은 선풍기의 형상, 냉장고의 본성 그 자체와 같은 추상적인 대상들은 우리 자연세계에 존재하지 않는다. 이것들은 단지 '펜'이라는 개념, '날개'라는 표현, '선풍기'라는 지시어, 그리고 '냉장고'라는 편리한 말에 불과할 뿐 그것들이 가리키는 추상적인 형이상학적 대상들이 우리 세계에 존재한다고 보아 줄 이유가 없다.

불성에 대해서도 같은 관점을 적용할 수 있다. 불성도 이 세계 안에 형이상학적 존재인 추상적 대상으로 내재한다고 볼 수는 없다. 그렇지만 나는 비록 추상적인 엔진이나 날개는 존재하지 않지만 구체적인 개개의 엔진 장치나 각각의 날개들이 이 세상에 엄연히 존재하듯이, 만약 우리가 '불성'을 '어떤 한 유정물이 어느 시간, 어느 장소에서 깨달음과 열반을 이루기에 가장 적합한 몸과 마음의 특정한 상태'라는 의미로 해석한다면 나는 구체적인 존재자로서 불성의 존재

○　주지하듯이 이런 시공時空 속의 구체적인 물체도 각각 자성自性을 결여한 채로 공空하다는 것이 남전 및 북전불교 모두의 입장이다. 그러나 이 글에서는 지면의 제한으로 이 차원의 문제까지 논의하지는 않겠다.

를 부정할 필요가 없다고 생각한다. 사람마다 그 근기根機에 따라 깨달음을 이루는 데 적합한 심신의 상태가 다를 것이다. 그리고 한 사람의 경우에도 시간과 장소에 따라 깨달음을 위해 적절한 심신의 상태가 상이하게 결정될 것이다. 그래서 이 모든 다양한 심신의 상태에 공통된 어떤 필연적 속성 같은 것은 없지만, 그래도 나는 각각의 경우 주어진 유정물에 있어서 깨달음을 위해 적합한 구체적인 심신의 상태를 그때그때마다의 불성이라고 불러도 무방하다고 생각한다.

이 세상의 그 다양한 펜들을 그때그때 경우마다 지시하기 위해 우리가 '펜'이라는 단어와 개념을 편리하게 사용하듯이, 나는 각 유정물마다 다른 깨달음과 열반을 위해 적절한(optimal) 심신의 상태를 지시하기 위해 우리가 '불성'이라는 말과 개념을 써도 좋다고 생각한다. 그러나 내가 말하는 불성은 모든 유정물에 공통적으로 존재하는 어떤 고정불변한 본성을 가진 아뜨만과 같은 실체가 아니다. 각 유정물마다 다르고, 또 한 유정물에서도 끊임없이 변화하며 찰나마다 다른 심신의 적절한 상태를 말할 뿐이다.

제 **9** 강 ———— 무아와 자비

강의가 거듭될수록 학생들은 불교를 철학적으로 더 깊이 이해한다. 대부분의 미국 학생은 내 강의를 듣기 전까지 불교를 종교로만 여겨 왔다. 그들은 철학으로서의 불교가 동시에 종교도 되는지 궁금하다.

불교는 창조주이고 절대자인 신을 믿지 않습니다. 그런 불교가 어떻게 종교가 됩니까? 그리고 영혼의 존재조차 믿지 않는 불자들이 어떻게 도덕적으로 올바른 삶을 살 수 있습니까?

기독교도가 절대 다수인 미국 학생들을 가르치다 보면 이렇게 서양적 사고에 치우친 질문을 받게 된다. 나는 이 질문에 직접 답하기보다는 질문을 둘로 나누어 에세이 과제로 내 준다. 학생들이 스스로 생각해 보고 깨닫기를 원해서이다.

(1) 창조주이며 절대자인 신을 믿지 않는 불교가 종교인가?

(2) 불교는 영혼의 존재를 인정하지 않는다. 그러면 불자들이 어떻게 도덕적이고 이타적인 삶을 살 수 있는가?

학생들은 이런저런 자료를 찾고, 또 서로간 토론을 통해 꽤 열린 관점에서 에세이를 쓴다. 첫째 질문은 쉽다. 사전을 찾아보면 '종교'에 대한 여러 정의가 있다. 위대한 성인聖人이 있고, 내세來世를 인정하며, 도덕률을 제시해서 권선징악의 가르침을 보여주면 종교라고 할 수 있다. 불교는 이를 모두 충족하기 때문에 종교로서의 자격이 있다. 절대적인 신의 존재는 필요조건이 아니다. 지난 십여 년 동안 가르친 거의 모든 미국 학생들이 불교도 종교라고 인정했다.

둘째 질문에 대해서도 대다수 학생이 비교적 쉽게 답한다. 영혼의 존재를 믿는 것은 도덕적 삶을 위한 불가피한 조건이 아니다. 불교는 업을 통한 인과응보를 가르치고, 팔정도八正道의 여러 가르침이 도덕률과 관련되기 때문에 불자들이 도덕적으로 올바른 삶을 살 수 있다.

서구에는 불교가 생명을 보호하며 평화를 사랑하는 고귀한 종교란 인식이 자리 잡고 있어서 실제로 불자들의 도덕성을 의심하는 서구인은 찾아보기 어렵다.

그런데 대다수 서구인은 업을 믿지 않고, 팔정도도 그들이 불자가 아닌 한 따라야 할 의무가 없다. 붓다의 가르침을 따르는 불자가 도덕적으로 산다는 점을 인정하더라도 그것은 자신과 다른 사람들의 이야기일 뿐이다. 그래서 철학적으로 이치에 맞는 불교의 근본 교리로부터 도덕적으로 옳은 삶의 방식이 나온다는 점을 분명히 보여 주지 않으면 서구인이 불교윤리학을 받아들이기를 기대할 수 없다. 그래서 나는 다음 제안으로 학생들을 유도한다.

불교, 특히 대승불교에서는 무아(와 연기)의 진리를 깨달은 불자들이 한없는 자비심慈悲心을 가진다고 한다. 무아에 대한 깨달음이 어떻게 자비심을 일으키는지 비판적으로 검토해 보자.

소중히 간직해야 할 스스로의 자아나 영혼이 없다면 사람들은 오히려 '잃을 것이 없다(nothing to lose)'는 식으로 막행막식할 법도 하다. 하지만 불교는 오히려 그 반대로 무아에 대한 깨달음이 이타행으로 향하는 자비심을 불러온다고 한다. 이 주장을 어떻게 이해해야 할까?

자비慈悲(compassion)란 무엇인가? 자비심이란 다른 이들을 향한 따뜻한 마음인가? 그들의 고통에 함께 아파하고, 눈물 흘리고, 어루만져 주려는 사랑과 연민의 마음인가?

정이 많은 동아시아 사람들에게는 충격적인 이야기가 되겠지만, 불교의 자비는 뜨거운 감정이 넘치는 핫hot한 자비가 아니라 이성을 바탕으로 차분히 이루어지는 쿨cool한 자비다. 이 점을 이해하려면 핫한 사랑(love)과 쿨한 배려 또는 보살핌(concern)의 차이를 아는 것이 중요하다. 그래서 먼저 사랑과 배려·보살핌의 차이에 대해 살펴보겠다.

우리가 자기를 사랑하기에 하는 일을 나열해 보자. 우리는 스스로를 너무도 아껴서 매일 꼬박꼬박 먹고, 자고, 씻고, 쉬고, 공부하고, 일하고, 노는 등 자신을 위해 많은 시간과 마음을 평생 투자한다. 스스로를 오죽 사랑하면 그렇게 할까. 그런데 놀랍게도 서구인은 이 모든 것이 자신에 대한 '사랑' 때문이라고 보지 않는다. 이것은 자기 사랑(self-love) 때문이 아니라, 자기 배려 또는 자기 보살핌(self-concern) 때문이라고 이해한다. 나도 미국에 와서 오랜 시간이 지난 다음에야 이 차이를 알게 되었는데 결국 서구적 사고방식이 옳다고 판단하게 되었다. 그 이유를 설명해 보겠다.

스스로를 사랑하지 않는 사람도 자신에 대해 위에서 나열한 모든 배려와 보살피는 행위를 계속할 수 있다. 교도소에서 진심으로 참회하며 자기를 전혀 사랑하지 않는 사형수도 매일 먹고, 자고, 씻고, 쉬며, 스스로를 보살피는 모든 일을 그대로 한다. 사랑과 배려가 다르기 때문에, 사랑하지 않아도 배려할 수 있어서 가능한 일이다. 서구 여러 나라는 굶주리는 적성국 사람들에 대해서도 인도적 지원을 하는데, 이것은 그들을 뜨겁게 사랑해서가 아니라 차분한 마음으로 그들의 건강을 배려하기 때문이다. 그들을 사랑해야 할 의무는 없지만 그들의 생존을 배려해야 할 도덕적 책임은 있다. 그래서 서구인은 따뜻한 마음 없이 배려심만으로도 때마다 자선단체에 기부한다. 변덕스런 감정으로 기부한다면 그렇게 오래 계속할 수 없을 것이다. 그래서 정이 넘치는 동아시아보다 차분한 서구에서 기부문화가 더 발달했다.

이타행은 따듯하거나 안쓰러워하는 감정으로 하기보다 차분하게 쿨한 판단으로 할 때 더 좋은 결과를 낸다는 심리학자들의 연구도 차고 넘친다.

붓다의 자비는 처음부터 핫한 사랑이 아니라 쿨한 배려·보살핌이다. 뜨거운 감정이 초래하는 모든 집착에서 벗어나 전적으로 자유로운 각자覺者가 뜨거운 사랑으로 중생을 제도하리라고 믿는 것은 오해다. 서구의 불교철학자들은 이 점에 대해 물론 나와 같은 생각인데, 이들은 내가 그런 문제로 한때 씨름했다는 점에 의아해 한다. 그들에게는 처음부터 문젯거리가 아니었기 때문이다.

이제 자비가 무엇인지 정의해 보자. 자비심이란 타인을 향한 이해타산 없는, 즉 이기심 없는 배려심 또는 보살피는 마음(unselfish, selfless concern)이다. 그리고 이러한 사심 없는 쿨한 배려심은 붓다의 무아에 대한 가르침을 체득했을 때 자연스레 우러나오기 마련이다. 왜냐하면 누구나 가진 자기 배려심과 자기를 보살피는 마음에서 자기가 사라지게 되니 그 배려심과 보살피는 마음이 타인에게로 흘러 넘쳐 이타행으로 나타나기 때문이다.

무아를 깨쳐야 비로소 타인에 대한 진정으로 사심 없는 배려가 가능하게 된다. 그리고 우리가 붓다의 연기의 가르침을 사회적으로 맺는 관계로도 연장시켜 이해한다면 우리와 연결되어 함께 살아가는 사회 구성원 모두에게까지 이 배려심과 보살피는 마음이 미치게 될 것이다. 그래서 무아와 연기에 대한 깨침이 사심 없는 자비심을 모든 이에게 베풀게 해 주는 원천이다. 무아와 연기를 바탕으로 한 불교윤리학이 설득력 있는 이유다.

글을 마치려다가 문득 영혼의 존재를 믿는 유아론有我論을 견지한 다른 종교에서도 타인에 대해 진정으로 사심 없는 배려가 가능할지 의문이 든다. 이들 종교를 믿는 많은 훌륭한 분들이 자신의 영혼을 위해 평소 도덕적으로 살며 이타행을 행하는 것을 많이 보아 왔다. 그런데 그분들의 선행이 자신의 영혼을 보호하고 구제하기 위해서라면 순수하게 사심 없는 행위라고 볼 수 있을까? 이타행을 위해 자신의 육신이나 명예를 희생하는 분도 계신데, 만약 그것이 자신의 영혼을 파괴하는 행위여도 그렇게 할까? 반대로 자신의 영혼을 구제하는 일이라면 어떤 험한 일이라도 하지 않을까? 옛 십자군이나 오늘날 무슬림 테러리스트처럼.

예전에는 이웃 종교의 가르침에 대해 그쪽 신자도 아니면서 비판적 논의를 제기하는 것이 바람직하지 않다고 생각해 자제해 왔는데, 그분들이 영혼에 대한 무한한 집착에서 자유로울 수 없을 것이라는 의문이 드는 건 어쩔 수 없다. 혹 불교의 무아론이 서구 종교의 유아론이 가질 수 있는 문제들에 대한 일종의 해독제가 될 수는 없을까? 이런 말씀을 드리게 되어 존경하는 이웃 종교 신도들께 죄송스럽기만 하다.

제 **10** 강 ———— 연기란
무엇인가

불교란 깨달음의 종교입니다. 그런데 부처가 보리
수 아래에서 깨달아 성도했다는 진리는 구체적으
로 무엇입니까? 우리도 그 진리를 깨달으면 부처가
됩니까?

학기 중반으로 접어들면 학생들이 가끔 이런 질문을 한
다. 무아, 윤회, 열반, 불성, 자비 같은 주제를 하나씩 다루어
나가다 보면 거의 두 달 가까이 걸리는데, 이런 것들을 모두
배우지 않고서도 단박에 깨달음에 이를 수 있는 방법을 찾고
싶은 녀석들이 꼭 있다.

학기 초에 나는 깨달음이란 스스로에 대해서는 무아를,
그리고 세계에 대해서는 연기의 진리를 이해하는 것이라고
소개했다. 그런데 전통에 의하면 부처님 성도 당시 깨달았다
는 진리는 연기였다고 전해진다고 학생들에게 말해 준다. 우
리가 지금까지 무아를 먼저 논의해 온 이유는 그것이 설명하

기 더 쉬운 개념이었기 때문이라고 해명하면서, 이제 우리도 연기를 본격적으로 논의할 준비가 되었다고 격려해 준다.

부처님은 『상윳따니까야』에서 연기를 다음과 같이 설명했다.

이것이 있을 때 저것이 있으며, 이것이 생겨나므로
저것이 생겨난다.
이것이 없을 때 저것이 없으며, 이것이 소멸하므로
저것이 소멸한다.

알쏭달쏭한 것 같은 위 구절은 부처님이 이 설명을 제시한 원래의 구체적 맥락을 살펴볼 때 더 잘 이해할 수 있다. 불교에서는 고뇌에 이르는 우리 삶의 과정이 십이지연기를 통해 설명되곤 한다.

부처님은 이 십이지연기를 언급하면서 '이것이 있을 때 저것이 있으며, … 이것이 소멸하므로 저것이 소멸한다'고 설명하며 연기법을 가르쳤다. 무명이 있을 때 행이 있고, 행이 있을 때 식이 있으며, … 노사가 있다. 무명이 소멸하므로 행이 소멸하고, 행이 소멸하므로 식이 소멸하며, … 노사가 소멸한다. 이는 물론 생사고락生死苦樂 윤회의 고리를 깨뜨릴 지혜의 가르침이다.

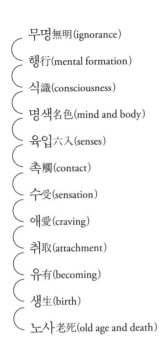

무명無明(ignorance)

행行(mental formation)

식識(consciousness)

명색名色(mind and body)

육입六入(senses)

촉觸(contact)

수受(sensation)

애愛(craving)

취取(attachment)

유有(becoming)

생生(birth)

노사老死(old age and death)

그런데 부처님이 설파한 연기의 법칙은 그 강력한 설득력 덕분에 우리 삶의 범위를 넘어서 보다 더 넓게 적용되고 받아들여졌다. 연기란 쉽게 말해 우주 삼라만상이 모두 조건에 의존해서 생겨나고, 지속되고, 소멸한다는 뜻이다. 여기까지 말해 놓고서 나는 학생들에게 즉시 질문을 하나 던진다.

모든 사물이 조건에 의해 생멸한다는 사실에 대한

관찰은 이 세상에서 원인과 조건 없이 생겨나는 것은 없다는 우리의 상식과 통한다. 그렇다면 이런 상식이 어떻게 그토록 중요한 진리라는 말인가? 또 이런 상식에 대한 이해가 어떻게 깨달음을 이루게 하여 부처가 되게 할 수 있다는 것인가?

내가 불교철학을 강의한 지난 십여 년 동안 아직 아무 학생도 이 질문에 대답하지 못했다. 왜냐하면 불교 탄생 당시 인도의 종교적·철학적 배경을 알지 못하면 답변하기 어려운 질문이기 때문이다. 그래서 학생들의 이해를 돕고자 나는 다음과 같이 다시 질문한다.

이 세상에서 아무 조건에도 의존하지 않고 스스로 존재하는 것이 있을까? 아무 원인도 없이 존재하는 것이 있을까? 하나라도 예를 들어 보라. 그런 예가 있다면 그것은 연기의 법칙이 적용되지 않는 존재일 것이다.

이런 힌트를 주면 학생 가운데 서양철학 수업을 들은 녀석들이 곧 다음과 같이 답한다.

신은 아무것에도 의존하지 않고 스스로 존재합니다. 신은 모든 것의 원인이지만 그 스스로는 아무 원인 없이 존재합니다.

나는 이렇게 신앙에 근거한 답변이 대학 강의실에서 거부감 없이 말해지고 받아들여질 수 있다는 점이 좀 불편하다. 그런데 대부분이 기독교인인 내 미국 학생들은 이런 답변을 흐뭇하게 받아들이며 행복한 표정을 짓는다. 신뿐만 아니라 영혼도 (신을 제외한) 어떤 조건에도 의존하지 않고 스스로 존재하니까, 이 세상에서 가장 중요한 둘, 즉 신과 영혼은 연기의 법칙에서 제외된다는 셈이다. 그래서 나는 다시 다음과 같이 정리해 준다.

부처 생존 당시 인도는 힌두교의 전신인 바라문교의 가르침에 따라 조건에 의존하지 않고 스스로 존재한다는 브라만(梵)과 아뜨만(我)을 믿고 받아들였다. 기독교 세계에서 신과 영혼의 존재를 믿어 온 것과 비유될 수 있다. 그런데 부처는 그 옛날 인도에서 연기법을 가르치며 이런 브라만과 아뜨만의 존재를 부정한 것이다. 이것이 당시 얼마나 혁명적이고 충격적인 사상이었을까는 중세 기독교 시대에 어떤 성자가 나와서 신과 영혼의 존재를 '설득력 있게 성공적으로' 부정했다고 상상해 보면 짐작이 갈 것이다.

위의 설명에 학생들은 부처님의 연기법이 당시 정말로 희유稀有하고 듣고서 놀라지 않을 수 없는 가르침이었을 것이라는 점에 대체로 동의한다. 오늘날과 같은 과학이 존재하지 않았던 당시에 사람들이 브라만과 아뜨만 또는 신과 영혼 같이 고정불변의 본질(自性)을 가진 실체의 존재를 기반으로 자연 현상을 설명하고 이해했을 것이라는 점은 쉽게 짐작이 간다. 문명 발달 이전 사람들은 이렇게 비교적 받아들이기 쉬우면서도 종교적·형이상학적으로 근사한 설명에 이끌리기 마련이어서 이런 방식으로 진행된 신화적·형이상학적 설명은 수천 년 동안 사람들의 세계관을 지배했다.

그렇지만 철학자들은 원래 행복한 낮잠에 빠져 있는, 지적으로 덜 부지런한 사람들에게 벌침을 놓는 사람들이다. 그래서 나는 신앙심 깊은 학생들의 흐뭇한 기분을 다시금 철학적으로 심각하게 바꿀 질문을 또 던진다.

그러면 이제 우리 시대의 건강한 상식으로 우리 스스로 판단해 보자. 우주 삼라만상의 운동과 변화를 그것의 원인과 조건에 비추어 이해하고 설명하는 방식과 신이나 영혼 또는 브라만이나 아뜨만 같은 신앙의 대상에 대한 믿음을 바탕으로 설명하고 이해하는 방식 가운데 어느 것이 더 이치에 맞다고 생각하는가?

이 질문에 대한 답변은 너무도 분명하기 때문에 학생들은 굳이 손을 들고 대답하려고 하지도 않는다. 21세기 첨단 과학문명 시대에는 신앙에 기반하는 종교적·형이상학적 세계관이 설 자리가 점점 더 좁아지고 있기 때문이다. 연기에서 벗어나 있다는 브라만과 아뜨만 또는 신과 영혼의 섭리를 가지고서는 이 우주와 자연세계를 결코 설득력 있게 설명할 수 없다. 그래서 내 미국 학생들은 자신들의 신앙에는 어긋나지만 그렇다고 받아들이지 않을 수도 없는 연기의 가르침 때문에 얼굴에 곤혹스런 표정이 역력해진다.°

° 한국불교계 일각에서 힌두교의 대표적 주장인 범아일여梵我一如(브라만과 아뜨만이 동일하다는 주장)를 불교의 가르침으로 소개해 왔는데, 이는 불교의 가장 기본적인 가르침인 연기를 철학적으로 전혀 이해하지 못하는 데서 나온 중대한 오류이다. 브라만과 아뜨만은 고정불변·불멸하는 실체로서 결코 연기하지 않고 존재하는 것들인데, 그런 것들의 존재를 인정하고 또 동일시까지 하는 것은 연기를 그 중심으로 하는 불교의 가르침을 정면으로 위배하는 것이다.

그런데 연기는 원인과 결과를 이어주는 인과 관계만을 가리킬까? 나는 학생들에게 남전불교에서는 나름대로의 치열한 논쟁의 과정을 거쳐 결국 그렇게 보기로 결론지었다는 역사적 사실을 알려 주며, 북전불교에서는 연기가 비非인과적인 관계들도 포함하는 더욱 포괄적인 개념으로 받아들여져 왔다는 점도 덧붙인다. 그러면서 또 질문한다.

자네들은 혹시 이 세상에 빨간 양말을 즐겨 신는 생명과학자가 최소한 한 명은 있다고 믿는가?

학생들은 잠시 생각해 본 후 곧 고개를 끄덕인다. 전 세계의 생명과학자가 수십만 명은 될 테니 그 가운데 한 명 정도는 빨간 양말을 즐겨 신을 법하다. 사람들 대부분은 아직까지 이런 생각을 한 번도 해 본 적이 없지만, 일단 생각해 보면 그럴 것이라고 판단하기 마련이다. 그러면 나는 또 이어지는 질문을 한다.

그런데 자네들이 알지도 못하는 이 생명과학자가 방금 교통사고를 당해 사망했다고 가정해 보자. 그러면 자네들은 이 빨간 양말을 좋아하는 생명과학자와 이어져 있던 어떤 관계를 하나 잃게 된다. 방금

전에는 이 사람이 존재했고 지금은 더 이상 존재하지 않는데, 이 변화는 자네들이 의식했든 의식하지 못했든 자네들의 존재에 어떤 영향을 미칠 것 같다. 그렇다고 생각하는가?

학생들은 이 물음에도 고개를 끄덕인다. 지구 반대편에 있는 아내가 교통사고로 사망한다면 남편은 그것을 의식하든 의식하지 못하든 홀아비가 되는 법이다. 이런 식으로 논의를 진행해 나가다 보면 이 세계, 이 우주 어느 곳에서 일어나는 작은 변화라도 내 존재에 직접적으로든 간접적으로든 영향을 미칠 수밖에 없다고 판단해야 한다는 점에도 학생들은 대체로 동의한다. 이렇게 우주 삼라만상은 서로서로 연결되어 있는데, 나는 학생들에게 이런 통찰이 화엄華嚴의 법계연기설法界緣起說로까지 발전한다고 말해 주기도 한다. 학생들은 이런 견해가 다소 황당한 상상력의 산물이라고 생각하는 듯한 표정을 짓지만, 최소한 논리적으로는 거부하기 힘든 결론이라고 받아들인다.

연기를 관계 일반으로까지 확대·적용하는 북전불교의 입장은 현대물리학의 통찰과도 잘 어울린다. 상대성 이론은 관찰자의 속도에 따라 주어진 물체의 길이가 달리 측정된다고 보여 주고 있다. 또 움직이는 물체의 속도에 따라 그것에 경과하는 시간도 달리 관찰된다. 이런 경우들에서 인과 작용의 존재를 확인할 수는 없다. 이는 어떤 비인과적 관계에 의존해서 나타나는 결과들이다. 한편 미시세계의 소립자들은 서로간의 관계를 언급하지 않고서는 그 속성을 기술하고 설명할 수 없다. 말하자면 비인과적 관계에 의존하여(緣) 속성들이 생멸하는 것이다. 내가 여기까지 말해주면 학생들은 연기를 단지 인과로만 보지 않고 관계 일반으로까지 확대한 북전불교의 포괄적인 입장에 고개를 더 끄덕이기 시작한다.

제 **11** 강 ———— 연기:
인과와 관계

연기란 만물이 조건에 의존해서 생멸한다는 붓다의 통찰이다. 존재하는 것들이 서로 가진 의존 관계에 대한 기술(description)이다. 이런 의존 관계의 특성을 파악하려면 먼저 이 세상이 어떤 종류의 존재자들로 이루어져 있는지 살펴보아야 하겠다. 그리고 그것들 사이에 어떤 종류의 의존 관계가 있는지도 검토해야 한다. 그래서 나는 학생들에게 묻는다.

이 세상에 존재하는 것은 크게 어떻게 나눌 수 있는가? 어떤 종류의 존재자들이 이 세상을 구성하고 있는가?

이는 추상적인 형이상학적 질문이지만, 매주 교회 다니며 설교를 듣는 내 미국 학생들은 쉽게 대답한다.

존재세계는 영혼과 물질로 이루어져 있습니다. 아, 주립대학은 교회나 신학교가 아니니까 신앙에 기반한 대답은 적절치 않겠지요. 그러면 말을 바꾸겠습니다. 이 세상은 정신과 물질의 두 종류로 되어 있습니다.

미국의 '바이블 벨트' 북단에 위치한 대학에서 불교철학을 가르치기는 언제나 까다로운 일이다. 그래도 학기 중반쯤 되면 학생들이 교회와 대학을 분명히 구분해 주어 그나마 다행이다. 학생들의 답변에 나는 질문을 하나 더 던져 본다.

우리는 정신과 물질로 존재세계를 양분해 왔다. 그렇다면 우리 언어 또는 개념의 세계는 어느 쪽에 속하는가?

학생들은 머리를 긁적인다. 상식적으로 답변하기 어려운 질문이기 때문이다. 그래서 나는 시나리오 하나를 제안한다. 지구상에서 인류가 갑자기 사라졌지만 모든 도서관과 인터넷 시스템이 그대로 남아 있다면, 지구를 방문한 외계인들은 남아 있는 책과 인터넷상의 자료 등을 통해 인류의 생활상을 제대로 파악할 수 있을 것이다. 이것은 의식을 가진 인간의 존재와는 독립적으로 책과 자료들이 나름대로의 특성을 지니고 존재하기 때문일 것이다. 그렇다면 말이나 문자, 개념, 이론 등의 언어적 대상들(linguistic entities)도 존재세계를 구성하는 하나의 범주로 보아야 하지 않을까? 이 질문에 학생들은 대부분 고개를 끄덕인다. 요즘 같은 정보화 시대에 언어적 존재가 우리 세계의 중요한 한 부분을 차지한다고 보는 견해에 반대할 학생은 거의 없다.

결국 존재세계는 물질, 정신, 그리고 언어의 세계로 나뉠 수 있다. 이 세 세계 각각의 영역 안에 있는 것들 사이에 존재하는 의존 관계가 있고, 또 각각 다른 영역에 있는 것들 사이에도 의존 관계가 있다. 이런 의존 관계는 모두 연기로 포섭된다.

물질계에서의 연기

빨간 당구공이 움직여 하얀 당구공을 치고 그 자리에 멈추니 대신 하얀 당구공이 움직이기 시작했다. 바늘로 얼음덩어리를 살살 쪼니 얼음이 부서졌다. 전기 누전으로 화재가 발생했다. 이 세 문장은 인과 관계를 설명하는 사례들인데, 모두 '이것이 있을 때 저것이 있고, 이것이 생겨나므로 저것이 생겨난다.'는 붓다의 연기에 대한 설명에 잘 맞는다. 다른 예들도 있다. 휘발유가 없어서 자동차가 멈췄다. 기름이 떨어져

등불이 꺼졌다. 이 둘도 인과의 사례들인데, 이는 '이것이 없을 때 저것이 없으며, 이것이 소멸하므로 저것이 소멸한다.'는 설명에 맞는다. 이렇게만 보면 붓다의 연기법은 인과에 대한 설명이라고 볼 수 있다. 남전불교에서는 연기법은 인과만을 가리킨다고 주장해 왔다.

그러나 물질과 물질 사이에는 비록 인과 관계는 아니지만 연기에는 해당된다고 보이는 관계가 얼마든지 있다. 예를 들어 수만 개의 부품이 모여 자동차를 구성하는데, 이렇게 부분들과 전체의 관계는 '부분들이 있을 때 전체가 있고, … 부분들이 소멸하므로 전체가 소멸한다.'는 붓다의 설명에 들어맞는다. 여기에는 인과 관계는 아니지만 분명 어떤 의존 관계가 존재한다. 그리고 이 관계는 부분들로 이루어진 이 세상 모든 존재자에 해당된다.

20세기 후반 영미 철학계를 풍미한 수반론隨伴論(super-venience theory)도 비인과적 연기를 논한다고 보아야 한다. 종이 위에 물감으로 잘 그려진 그림은 아름다운데, 이 아름다움이 물감에 의해 인과되지는 않지만 그것에 존재론적으로 의존한다. 물감이 잘 분포되지 않으면 아름다움을 느낄 수 없다는 점이 이를 뒷받침해 준다. 한편 인과 관계라면 보통 원인과 결과 사이에 시간적 간격이 있기 마련인데, 분포된 물감과 그림의 아름다움 사이에는 아무런 간격이 없기 때문에 이 의존 관계는 인과 관계가 아니다. 또 다른 예로, 굶주린 사람들에게 음식을 나누어 주는 행위는 덕德스러운데, 이때 덕도 이런 행위에 수반한다. 도덕적 가치로서의 덕이 행위 자체에 존재론적으로 의존해서 성립되기 때문이다. 그리고 현대 심리철학은 인간의 의식도 뇌의 물질적 기반에 수반해서 생겨난다고 본다. 나는 미학적 가치와 도덕적 가치, 그리고 의식이 물질적 존재에 의존하는 수반 관계도 '이것이 있을 때 저것이 있고, … 이것이 소멸하므로 저것이 소멸한다.'는 연기법의 한 종류라고 생각한다.

한편 지난 강의에서도 언급했지만, 상대성 이론에 의하면 관찰자의 속도에 따라서 주어진 대상의 길이와 그것에 경과한 시간이 달리 측정된다. 속도가 빠를수록 대상의 길이와 경과한 시간이 짧게 관측된다. 관찰자의 속도와 관측되는 대상 사이에 어떤 인과적 관계가 존재하는 것은 아니지만 수학적으로 계산이 가능한 이 관계 또한 붓다의 연기법으로 포섭될 수 있다. 그리고 소립자물리학에서는 입자들이 가지는 여러 속성들이, 예를 들어 스핀(spin)과 스핀 사이의 관계는 인과적으로가 아니라 수학적으로만 이해하게 된다. 이 모두는 비인과적 관계(non-causal connections)가 연기법으로 포섭되는 경우다.

물질계가 근본적으로 비인과적 연기에 의존한다는 것

은 무엇보다도 물질계의 모든 것이 주어진 물리 이론에 의해 그 존재와 속성이 결정된다는 점이 잘 보여준다. 예를 들면 우리가 비록 '질량(mass)'이라는 같은 단어를 쓰더라도 뉴턴의 역학에서 말하는 불변의 절대량으로서의 질량과 아인슈타인의 상대성 이론이 말하는 에너지와 상호 전환되고 또 속도가 오름에 따라 증가하는 질량은 같은 물리량이 아니다. 이것은 시간과 공간의 존재와 속성에 대해서도 마찬가지다. 뉴턴의 절대 시간과 절대 공간이 아인슈타인에서는 그렇지 않은 것으로 이해된다. 이와 같이 물질계는 주어진 배경 물리 이론에 의존해서(연기해서) 그 존재와 속성이 정해진다.

정신계(또는 의식계)에서의 연기

'배가 고프다. 떡을 두 조각 먹어야겠다.'

　　나의 '배가 고프다'는 의식 상태가 '떡을 먹어야겠다'는 (또 다른 의식 상태인) 의도(intention)를 인과적으로 초래한다. '두통이 심하다. 진통제를 찾아 먹어야겠다.', '친구가 그립다. 전화를 걸어 보련다.' 이 모두는 우리 일상의 경험이다. 우리는 한 의식 상태가 원인이 되어 다른 의식 상태를 결과로 가져오는 인과 관계에 익숙하다.

　　그런데 우리 의식의 특성은 언제나 이렇게 단순한 인과 관계로만 이해되지는 않는다. '모든 사람은 죽는다. 소크라테스는 사람이다. 그러므로 소크라테스는 죽는다.'라는 삼단 논법은 우리가 의식적으로 거부할 수 없는 논리의 흐름을 가지고 있는데, 이 흐름을 인과의 흐름으로 보기는 곤란하다. 서양 전통에서는 인과가 필연적인 관계가 아니라 우연적인 관계로 이해되어 왔다. 앞선 예로 살펴보면 우리는 배가 고파도 떡을 먹지 않으려 할 수 있고, 친구가 그리워도 전화를 걸지 않으려 할 수 있다. 어떤 조건이 있다고 해서 반드시 특정 결과가 뒤따르지는 않는 것이다. 그러나 모든 사람이 죽고 소크라테스가 사람이라면 논리적으로 소크라테스는 반드시 죽는다. 그래서 의식의 세계에 이렇게 논리학의 필연적인 관계가 존재한다면 그것은 인과 관계가 아니다.

이처럼 정신세계에는 인과 관계가 지배한다고 보기 어려운 경우가 많다. 의식이 논리학의 법칙도 따르고 있기 때문이다. 예를 들어 우리의 기본 가치인 자유와 평등으로부터 수많은 법령과 규율이 도출되는데, 자유·평등과 법령·규율 사이의 관계는 논리적 도출의 관계이지 인과 관계는 아니다. 그런데 이런 관계도 '이런 가치가 있을 때 저런 법령이 있고, …, 이런 가치가 소멸하므로 저런 법령이 소멸한다.'는 연기법에 들어맞기 때문에 이런 논리적 관계가 지배하는 우리 의식계도 연기하는 세계의 일부이다.

언어세계에서의 연기

한국어나 영어 같은 자연 언어뿐만 아니라 수학, 물리학, 사회과학 등 포괄적인 의미에서 언어로 이루어진 모든 이론은 논리로 구성된 체계이지 인과 관계로 형성된 현상이 아니라는 점은 분명하다. 위에서도 지적했듯이 원인과 결과 사이에는 시간적 간격이 있기 마련인데 순수히 언어로만 이루어진 논리의 체계에 시간이 끼어들 여지가 없기 때문이다. 그러면서도 어떤 이론을 구성하는 개념들과 문장들 서로서로의 관계는 '이것이 있을 때 저것이 있고, … 이것이 소멸하므로 저것이 소멸한다.'는 연기법에 잘 들어맞는다. 실은 개념들과 문장들 사이에 서로 이런 비인과적인 논리적 관계가 성립하지 않는다면 같은 이론의 여러 정합적整合的(coherent)인 부분들을 구성할 수도 없을 것이다. 언어로 이루어진 모든 것들은 서로 논리적·개념적으로 의존하면서, 다시 말해 연기하면서 전체로서의 언어세계를 구성한다.

여기까지 강의를 마치면 꼭 몇몇 학생이 반대 의견을 낸다.

> 의식세계나 언어의 세계도 결국 우리 뇌세포의 작용에 의해서 형성됩니다. 그런데 뇌세포들이 자연세계의 인과 법칙에 따를 수밖에 없는 한, 의식계나

언어세계도 인과율이 적용되는 영역으로 보아야
하지 않겠습니까?

재미있는 질문이다. 우리는 인간의 심리 또는 의식 상태
의 속성을 연구함으로써 모든 진리를 파악할 수 있을 것이라
고 착각하기 쉽다. 진리라는 것도 결국 우리 의식의 인식 작
용의 생산물이니까 그럴 것이라는 추측이다. 이런 추측이 오
류라는 점을 예를 들어 살펴보겠다.

사과 두 개와 사과 세 개를 더하면 사과 다섯 개가 된다.
이것을 산수로는 '2+3=5'라고 표현한다. 그런데 '2+3=5'라
는 등식이 옳다는 것을 사과를 더해서 알게 되었다고 해서
'2+3=5'라는 수학적 등식의 특성이 사과의 특성과 관련 있
는 것은 아니다. 사과 대신 배 또는 감을 썼어도 결과는 똑같
다. 수학적 등식이 가진 수리적·논리적 특성은 그것을 파악
하는 데 사용한 도구의 특성과는 아무 관련이 없다. 마찬가
지로 정신계와 우리 언어세계의 특성이 비록 물질계의 일부
인 뇌세포의 작용을 통해 알려진다고 하더라도 물질계의 특
성과 필연적으로 관련되어 있을 이유가 없다.

지금까지 세 개의 세계로 나누어 살펴본 존재 영역의 모
든 것이 인과 및 비인과적 연기로 서로 의존 관계에 있음을

살펴보았다. 나는 연기가 존재세계 전체를 여러 각도에서 꿰뚫는 진리임에 의심의 여지가 없다고 본다.

제 **12**강 ──── 연기의
패러독스

철학에서 실체는 독립적 존재를 말하는데, 연기를 받아들이는 불교에서는 실체의 존재를 인정하지 않는다. 불교에서는 사물이 조건에 의해서만 생성·지속·소멸할 뿐 스스로 존재할 수는 없다고 보기 때문이다. 이 연기의 가르침은 자연스럽게 만물이 자성을 결여하고 있다는 공의 통찰로 이끌어진다. 어떤 사물이 스스로 존재하지 못한다면 그 스스로를 스스로이게끔 해 주는 본질적 속성, 즉 자성을 가질 수도 없기 때문이다. 그래서 사물이 조건에 의해서만 생멸한다는 연기가 만물에 자성이 없다는 공의 가르침과 일치한다. 그래서 연기는 공이다.

철학 전공 학생도 여럿 내 불교철학 강의를 수강하는데, 이 가운데 몇이 꼭 연기나 무상의 가르침이 가지는 논리적 문제점을 지적하며 질문하곤 한다.

고대 희랍의 헤라클레이토스는 만물이 끊임없이

변한다고 주장했습니다. 그렇다면 만물이 변한다는 주장 또한 변하므로 결국 그것이 영구불변한 진리가 아니라는 문제가 있습니다. 붓다의 무상의 가르침도 마찬가지입니다. 무상 또한 무상하니까 결국 무상하지 않게 되어 만물이 무상하다는 가르침이 틀리게 되지 않습니까? 연기도 사물이 스스로 생성·지속·소멸하지 못한다는 주장인데, 연기가 스스로 존재하지도 못한다면 우리가 그 주장을 믿고 받아들일 필요가 없게 되는 것 아닐까요?

논리적으로 철저히 비판해 보아 이치에 맞는 주장만을 받아들이겠다는 미국 대학의 철학 전공 학생들다운 질문이다. 철학자들은 '둥근 사각형'이나 '결혼한 총각'처럼 그 자체가 모순을 포함하는 개념에 해당하는 사물은 이 세상에 존재하지 않는다고 판단한다. 그리고 모든 존재가 논리로 설명되지는 않지만 논리에 어긋나는 방식으로 존재하는 것은 없다고 본다. 그래서 연기나 공의 개념이 만약 패러독스를 내포하고 있어서 그 개념 자체가 모순이라고 증명된다면 부처님의 연기법을 진리의 가르침이라고 보지 않게 될 것이다.

연기법 자체도 연기하니까 그것도 절대적인 진리가 아닐 것이라는 문제에 대해 여러 각도의 논의가 가능하다. 먼

저 연기가 공이라는 통찰로부터 시작해 수행론과 관련지어 논의해 보자면,

(1) 연기는 공이다.

(2) 공에도 집착 말라. 공도 공이다. (공공)

(3) 공이 공인 것도 공이다. (공공공)

(4) 공공공공, 공공공공공, …

이와 같이 다른 사물뿐만 아니라 공에조차도 집착하지 말아야 한다는 끊임없는 부정의 과정이 깨달음의 과정과 다르지 않다고 보는 사람도 있다. 이것은 연기의 법칙 자체에도 집착하지 말라는 것으로서 수행과 관련된 가르침이다.

그런데 논리적 관점에서 제기된 질문을 수행의 관점에서 답변하는 것은, 불자들의 수행 세계에서는 받아들여질 수 있을지 모르지만, 이론을 다루는 철학자들에게는 만족스럽지 못하다. 내 미국 학생들도 의심의 눈초리를 거두지 않는다. 그래서 내가 먼저 나서서 연기론 자체를 논리적으로 공격해 보며 그 해결책을 찾아보자고 제안한다.

연기는 연기하거나 연기하지 않는다.

(1) 연기가 연기한다면, 이것은 스스로 생멸하지 못

한다는 점이 스스로 생멸하지 못한다는 것이기 때문에 스스로 생멸한다는 것이 된다(아닌 게 아니니까 맞다). 즉 연기하지 않는다.

(2) 연기가 연기하지 않는다면, 스스로 생멸하지 못한다는 점이 스스로 생멸한다는 것이므로 스스로 생멸하지 못한다는 것이 된다(아닌 게 맞으니까 아니다). 즉 연기한다.

따라서 연기는 연기하면 연기하지 않고, 연기하지 않으면 연기한다. 그래서 연기의 패러독스가 발생하고, 우리는 연기의 개념 자체가 논리적으로 모순이라는 결론을 내려야 한다. 그렇다면 연기는 이 세상에 존재하는 진리가 아니다.° 결국 불법의 근간이 흔들리게 된다.

이제 위의 문제를 논리적으로 해결해 보겠다. 연기의 진리 그 자체에 연기의 진리를 대입하는 일은 실은 논리학에서는 금기이다. 그 이유를 살펴보자.

° 무상에 대해서도 같은 논의가 가능하다. 무상은 무상하거나 무상하지 않다. 그런데 무상이 무상하면 무상하지 않고, 무상하지 않다면 무상하다. 그래서 무상의 패러독스가 발생하는데, 철학자들은 이런 경우 무상의 가르침을 진리로 받아들일 수 없다고 판단한다.

모든 한국인은 거짓말쟁이다. 그런데,

(1) 이 말을 한 사람이 한국인이고 그 말이 거짓말
이라면, 이 경우 그 말이 참이라는 점을 한 번 더
확인해 준다.

(2) 이 말을 한 사람이 한국인이고 그 말이 참이라
면, 그 말은 따라서 거짓말이다.

결국 한국인이 이 말을 할 경우, 그 말이 참이면 거짓이
요, 거짓이면 참이다. 이것을 거짓말쟁이의 패러독스라고
한다.

수학에서 집합론(set theory)의 패러독스를 발견한 영국
철학자 버트런드 러셀Bertrand Russell이 든 더 좋은 예가 있다.

이탈리아의 한 마을에 그 마을에서 스스로를 면도
하지 않는 모든 사람을, 그리고 그런 사람만을 면도
해 주는 이발사가 있다고 해 보자. 그러면 이 이발사
는 스스로 면도할까?

(1) 만약 이 이발사가 스스로를 면도한다면, 그는
스스로를 면도하지 않는 사람만을 면도해 주므
로 그는 스스로를 면도하지 않는다.

(2) 만약 이 이발사가 스스로를 면도하지 않는다면,

그는 스스로를 면도하지 않는 모든 사람을 면도
해 주므로 그는 스스로를 면도한다.

결국 그는 스스로 면도하면 면도하지 않고, 스스로 면도
하지 않으면 면도한다. 이것이 이발사의 패러독스다.

우리 언어, 특히 자연 언어에는 우리가 잘 인식하고 있
지 못하더라도 이렇게 논리적으로 모순을 포함하는 개념이
나 표현이 꽤 있다. 그래서 이런 모순이 모두 제거되어 논리
적으로 완벽한 형식 언어(formal language)를 만들어 보려는 노
력의 과정에서 러셀은 어떤 표현을 그것과 같은 차원에서 그
것 자체에 적용하면 안 된다는 원칙을 도입한다. 그래서 '모
든 한국인은 거짓말쟁이다.'라는 문장은 한국인의 입장에서
가 아니라 논리적으로 한 차원 위에서 내려다보면서 참 또는
거짓이라고 말하자고 제안한다. 그러면 이 문장은 물론 거짓
이다. 그러나 패러독스에 빠지지는 않는다. 그런데 한국인에
게 그 문장을 말해보고 한국인의 입장에서 그 문장의 참과
거짓을 따져 보라고 하면 논리적으로 패러독스에 빠지게 되
어 낭패다.

또 '이탈리아의 한 마을에서 스스로를 면도하지 않는 모
든 사람을, 그리고 그런 사람만을 면도해 주는 이발사가 있
다.'는 문장은 현대철학에서 기호논리학의 표현으로 바꾸어

보면 그런 이발사가 존재하지 않는다는 점을 증명할 수 있다. 그래서 이 문장이 패러독스가 아니라 단순히 거짓된 문장일 뿐임을 논리적으로 밝힐 수 있다. 이 경우에도 그 이발사의 입장에서가 아니라 한 차원 다른 논리학의 관점에서 객관적으로 문제를 비추어 보면 아무 문제가 없다. 그러나 그 이발사가 스스로를 면도하느냐 않느냐를 같은 차원에서 직접 따진다면 이 문장은 패러독스에 빠져 버린다.

연기의 패러독스 문제를 다룸에 있어서, 만약 우리가 왜 연기에 연기를 적용하는 것을 피해야 한다는 논리학자들의 제안을 따라야 하느냐고 질문한다면 답변하기가 마땅치 않다. 그러나 우리가 언어를 사용함에 있어 그것이 논리적으로 패러독스에 빠지지 않는 방식으로 사용해야 한다면 연기에 대해서도 마찬가지 방식을 따름이 현명하다. 그래서 나는 연기의 진리를 그 주장과 같은 차원에서 그 자체에 적용하지 말고 한 단계 더 높은 차원의 관점에서 비추어 보아야 한다고 생각한다. 연기는 참이다. 진리이고 옳다. 여기까지만 말해야 한다.

연기 자체에 연기를 적용한다면 패러독스에 빠지기 때문에 슬기로운 불자라면 현명하게 피해야 한다. 생각을 멈춰야 할 곳에서는 멈춰야 지혜롭다. 붓다의 십사무기十四無記와 칸트의 『순수이성비판』의 선험적 변증론의 취지, 그리고 비트겐슈타인이 그의 『철학연구』에서 '삽으로 파고 파다가 암반(bedrock)에 도달하면 삽이 튕겨 나온다(그래서 더 팔 수 없고 또 더 파서도 안 된다).'고 한 말이 모두 같은 지혜를 담고 있다. 멈출 줄 알아야 지혜롭다.

제 **13**강 ———— 대승과 공

내 불교철학 강의는 학기 중반부터 대승의 교리를 본격적으로 다룬다. 내 강의를 듣는 외국인 유학생들 가운데는 네팔 학생들이 가장 많지만 가끔 스리랑카나 태국 출신의 불자 학생도 있다. 그런데 뜻밖에도 이런 남전불교 나라 출신의 학생들은 북전 대승불교에 대해서 아는 바가 거의 없다. 기껏해야 '공'이라는 알쏭달쏭한 말이 있다고 들은 정도다. 한 스리랑카 출신의 학생이 다음과 같이 질문한 적이 있다.

우리 스리랑카는 붓다의 친설親說을 그대로 담은 니까야를 보존하는 특권을 누려 온 보물 같은 섬나라입니다. 그런데 북방의 나라들은 어떤 경전을 읽고 어떤 다른 교리를 가지고 있습니까?

북방 대승문화권에서는 남방 아비달마 계통의 경전 및

교리 서적을 열심히 공부하지만, 남방에서는 자신들 전통이 정통이라고 생각해서 그러는지 북방불교에 별 관심이 없다. 그래서 나는 다음과 같이 설명해 준다.

불멸佛滅 후 약 오백 년이 지났을 때 자비 실천을 강조하며 교리로는 공(emptiness)의 가르침을 내세우는 새로운 불교운동이 일어나서 새로운 교단으로 발전해 나갔다. 이즈음에 붓다의 말씀을 기록했다고 주장하는 경전이 새로 많이 나타났는데, 이런 경전은 내용이 초기불교와 많이 달라서 이 경전들이 역사적으로 붓다가 가르친 내용을 정말 사실적으로 기록했는지가 분명치 않다. 새로 만들었을 가능성이 높다. 그럼에도 불구하고 대승불교권에서는 이런 경전들의 내용이 불교의 교리와 뜻이 통하여 (consistent) 양립 가능하다면(compatible) 별 문제될 것이 없다고 생각하는 경향도 있다.

내가 일본에서 대두된 대승비불설大乘非佛說을 소개하면서 북방불교에서는 그럼에도 불구하고 대승경전을 융통성 있게 받아들인다고 전해 주면 대부분 기독교도인 내 미국 학생들은 고개를 갸우뚱거린다. 예수가 3일 만에 부활해 승

천했다는 것을 비롯해 그에 대한 성경의 기록이 역사적 사실이 아니라면 기독교는 그 존립이 위협받을 텐데, 불교에서는 붓다의 친설이 아닐 수도 있는 대승경전에 대해 어떻게 그리 관대한 태도를 가질 수 있느냐며 의아해 한다. 그러면서 논의의 방향을 철학 쪽으로 바꿔 평소 궁금해 하던 질문을 이어가곤 한다.

현재 미국에는 티베트불교가 많이 들어와 있습니다. 이 티베트불교도 대승불교에 속하지요? 그런데 달라이 라마의 강의를 들어보면 공에 대한 언급이 많습니다. 그에 의하면 공이라는 것이 중요한 개념이고 또 우리가 잘 배워야 할 가르침인데, 어떻게 공허하다(empty)는 것이 우리가 추구해야 할 좋은 것일 수 있습니까? '공허하다'는 말은 언제나 부정적인 심리 상태를 말하는데, 대승에서는 어떻게 이런 부정적인 개념을 그리 중시합니까? 불교가 가끔 염세주의厭世主義(pessimism)라고 불리는 이유가 이 공 때문이 아닐까요?

나는 거의 매년 빠지지 않고 이런 질문을 받는데, 이는 모두 'emptiness'라는 '공'에 대한 영어 번역 문제로부터 비롯

된다. 영어에서 'empty'라는 말은 언제나 마음이 허전하다, 공허하다, (집에 사람이 없어) 비어 있다 (그래서 싫다), (지갑에 돈이 하나도) 없다 등 모두 부정적인 상황이나 심리 상태와 관련되어 쓰인다. 따라서 영어를 사용하는 사람들에게 emptiness라는 것은 피해야 할 어떤 것으로 받아들여질 수밖에 없다. 영어로 된 불교 계통 문헌에서는 '공'의 원래 산스크리트어인 'śūnyatā'가 등장하기도 하지만 대중 일반에게는 아직 '카르마karma'처럼 영어의 일부로 받아들여지지는 않고 있다.

그래서 나는 하는 수 없이 따로 시간을 들여 영어 번역이 주는 오해를 피하도록 돕는다.

'공하다'라는 것은 '자성이 없다'는 뜻이다. 이는 아무것도 존재하지 않는다는 주장이 아니라, 사물이 존재하기는 하되 그것을 그것이도록 만들어 주는 본질(essence), 내적 본성(intrinsic nature), 또는 자성(self-nature)이 존재하지 않는다는 의미다. 그래서 'emptiness'보다는 아마도 '무특성(characterlessness),' '무본질(essencelessness),' 또는 '무자성(no self-nature)'이라는 번역이 더 나을지도 모르겠다.

여기까지 설명하면 학생들이 그래도 고개를 끄덕이기 시작한다. 나는 예를 들어 가며 설명을 추가한다.

여러분이 지금 쓰고 있는 펜을 보라. 그 펜을 펜이게끔 만들어 주는 본질, 내적 본성, 또는 자성은 무엇인가? 모양인가? 아니다. 왜냐하면 이 세상에는 수없이 다양한 모양의 펜이 있으니까 어떤 특정한 모양이 펜의 본성이 될 수는 없다. 그러면 잉크가 있어야 한다는 점일까? 그렇지도 않다. 왜냐하면 요즘 컴퓨터나 스마트폰 화면에 글을 쓰거나 그림을 그릴 수 있는 펜은 잉크 없이 쓴다. 특정한 재질, 예를 들어 플라스틱으로 만들어졌다는 점이 이 펜의 자성인가? 이 또한 답이 아니다. 펜은 금속, 유리, 나무 등 참으로 다양한 재질로 만들어질 수 있다.

펜이 내적으로 가졌다고 생각되는 여러 속성을 살펴보았지만 그 어느 것 하나 펜을 펜으로 만들어 주는 자성으로서의 자격이 없다. 그러면 내적 본성으로서의 자성은 아니지만 그래도 펜을 펜이게끔 만들어 주는 본질을 부여해 줄 수 있는 불변의 외적 본성(extrinsic nature) 같은 것은 있을까?

그렇지도 않다. 여러분의 펜은 여러분이 필기도구로 사용하고 있을 때 펜이다. 그 물건이 여러분과 특정한 외적 관계를 맺기 때문이다. 그런데 이런 외적 관계가 변한다면 그 물건은 더 이상 펜이 아니다. 예를 들어, 요즘 영화를 보면 스파이들이 암살용으로 독이 든 펜 같이 생긴 무기를 쓰곤 하는데, 이런 것은 펜이 아니라 무기다. 한편 금 같이 고급 재료를 써서 아름답게 만든 것은 펜이 아니라 장식품 또는 예술품이 될 것이다. 이와 같이 상황에 따라, 다시 말해 그 물건이 주어진 상황과 가지게 되는 외적 관계에 따라 그 물건은 펜, 무기, 예술품 등 모두 다른 물건이 된다.

결국 펜을 펜이게끔 만들어 주는 내적 본성도, 외적 관계도 존재하지 않는다. 그래서 펜은 안팎으로 공하다. 여기까지 설명해 주면 거의 모든 학생이 '아하!' 하는 표정을 지으며 고개를 끄덕인다.

그런데 위의 논의가 우리에게 주는 공에 대한 통찰은 바위, 물, 구름, 나무, 새, 의자, 자동차 등과 같이 우리가 접하고 경험하는 일상의 모든 사물에 그대로 적용된다. 바위를 바위이게끔, 그리고 자동차를 자동차이게끔 해 주는 내적 본성으로서의 자성도, 또 불변하는 외적 관계도 존재하지 않는다. 앞으로도 연기와 관련지어 가며 공에 대한 논의를 몇 강의 더 하겠지만, 지금까지의 설명만으로도 어떤 사물이 불변의 자성 또는 본질을 갖는다는 것은 불가능해 보인다. 그래서 나는 공에 대한 첫 강의를 마무리하면서 학생들에게 공의 가르침이 지극히 포괄적이라는 점을 강조하며 붓다의 무아의 가르침을 상기시킨다.

우리는 지금까지 대승의 공에 대한 관점이 마치 여러 사물에만 적용되는 것처럼 논의해 왔다. 그러나 공은 존재하는 모든 것에 대한 가르침이기 때문에 존재 영역의 일부를 구성하는 우리 스스로에도 그 관점이 그대로 적용된다. 나 스스로를 나이게끔 만들어 주는 것이 무엇인가를 다시 한 번 생각해 보자. 만약 그런 것이 존재한다면 그것이 나의 본질, 나의 자성, 나의 아뜨만이 될 것이다. 그러나 나 또한 다른 모든 사물과 마찬가지로 자성을 결여하며 공할 수밖에 없다. 우리가 학기 초에 이미 충분히 논의했듯이 그런 아뜨만은 존재하지 않는다. 그래서 다른 사물로 향하던 공의 가르침이 나 스스로에게 적용되면 자연스럽게 붓다의 무아에 대한 가르

침이 된다.°

대승불교에 대한 첫 강의에서 나는 여러 예를 들어 가며 공이 무엇인가를 직관적으로 이해하도록 돕는다. 그런데 서양에서는 어떤 문제든지 논리적으로 하나하나 따져 가면서 좀 더 체계적으로 접근하기를 선호한다. 그래서 다음 강의부터는 나도 그런 방식으로 공에 접근한다.

° 물론 그 반대 방향의 논의도 가능하다. 스스로의 본질이 존재하지 않는다는 무아론으로부터 다른 모든 만물에도 마찬가지로 본질이 존재하지 않는다는 제법무아의 논제를 도출해 낼 수 있다.

제 **14**강 ——— 연기하기에
공하다

몇 강의 전 나는 학생들에게 연기가 공인 이유를 간단히 설명한 바 있다. 나가르주나는 그의 『근본중송』에서 '연기가 공이다.'라고 말하고 있는데, 이 논제는 대승불교권에서 회자되는 가장 유명한 명제 가운데 하나이다. 그런데 이 논제를 소개하면 따지기 좋아하는 미국 학생들이 언제나 불만을 터뜨린다.

연기가 공이라는 주장은 이치가 통하지 않습니다. 연기란 만물이 조건에 의존해 생멸한다는 것이고, 공이란 사물에 자성이 없다는 말입니다. 그런데 이 두 개념이 어떻게 동일할 수 있습니까? 연기는 조건을 언급하고 공은 자성을 부정하는데, 어떻게 연기와 공이 동일합니까?

나가르주나를 변호하고 대승불교의 주요 명제를 옹호

하려고 시도하는 것이 가르치는 사람이 먼저 해야 할 일이겠지만, 나는 이 문제와 관련해서는 학생들과 같은 편이다. 옛날 옛적 나가르주나가 게송으로 암기하기 편하게 만들다 보니 표현을 압축할 수밖에 없었겠지만, 이토록 중요한 논제를 엄밀하지 못한 표현으로 제시하는 것은 솔직히 좀 무책임하다고 생각된다. 그래서 나는 학생들에게 이 논제의 의미를 내 나름대로 설명해 준다.

> 연기가 공이라는 말은 실은 연기하는 것은 공한 것이라는 뜻이다. '연기'와 '공'이 개념적으로 그 내포하는 의미(intension)는 다르지만 그 개념들이 적용되는 대상들인 외연外延(extension)은 동일하다는 것이다.

먼저 내포와 외연이 무엇인가를 살펴보자. '인간'이라는 개념이 있을 때 '이성적 동물'이라는 '인간'의 정의는 '인간'이라는 개념의 내포(intension), 즉 말의 뜻이고, 이 개념이 적용되는 개개의 인간과 인간들의 집합이 모두 이 개념의 외연(extension)들, 즉 지시되는 대상들이다. 그래서 나가르주나의 '연기가 공이다.'라는 논제는 실은 '연기'라는 개념이 적용되는 외연과 '공'이라는 개념이 적용되는 외연이 같다는 뜻이다. 즉 연기하는 모든 것이 공한 것이라는 주장이다.

그런데 사물이 조건에 의존해서 생멸한다고 해서(연기한다고 해서) 그것이 어떻게 자성이 없게(공하게) 될까? 나가르주나는 그의『근본중송』에서 연기의 개념으로부터 공의 개념이 도출되는 과정을 직접적으로 제시하고 있지는 않다. 그의 논증 방법은 많은 경우 소위 귀류법歸謬法을 따르고 있어서 '만약 사물에 자성이 있다고 가정하면 얼토당토하지 않은 결론이 따르기 때문에 사물에 자성이 없다고 보는 것이 옳다'는 식이다. 논리적 추론 과정을 따라 이해하기 좋아하는 내 미국 학생들은 간접적 증명 방식인 귀류법에 저항감이 적지만, 동아시아 한국 출신인 나는 일단 좀 더 직관적으로 선명하고 직접적인 방식으로 설명하기를 좋아한다. 다음과 같이.

만물이 조건에 의존해 생성·지속·소멸한다는 것이 연기다. 어느 것도 조건에 의존하지 않고서는 존재하게 될 수도 또 계속 존재할 수도 없다. 그래서 다른 것들로부터 전적으로 독립적으로 존재하는 것은 하나도 없다. 스스로 존재하는 것, 즉 자재自在하는 것은 없다는 말이다. 그런데 아무것도 스스로 존재하지조차 못한다면 스스로를 스스로이게끔 만들

어 주는 내적 본성, 즉 자성을 가질 수 있을까? 그럴
수는 없다. 스스로 존재하지 못하면서도 스스로의
자성을 갖는다는 것은 이치에 맞지 않다.

연기하는 것은 스스로 존재하지 못하여 자성을 가
질 수 없기 때문에 공하다. 그래서 연기하는 것은
모두 공한 것이다. 외우기 쉽게 말하자면, 연기가
공이다.

나가르주나가 사용하는 귀류법은 사물에 자성이 있다
고 가정하면 엉뚱한 결론이 나오기 때문에 원래의 가정으로
되돌아가 그것을 부정하여 사물이 자성을 가지고 있지 않다
고, 즉 공하다고 결론짓는다. 이와 비교해 나의 논증은 붓다
의 연기의 가르침으로부터 직선적으로 한 단계씩 앞으로 나
아가며 만물이 공하다는 결론에 이르게 한다.

학생들에게 직관적으로 좀 더 선명한 내 논증을 제시한
후에 나는 나가르주나의 귀류법을 이용한 공의 증명 방식을
소개한다. 나가르주나는 『근본중송』의 가장 앞부분에 인과
에 대한 논의를 전개하며 원인과 결과가 각각 자성을 가지고
존재한다면 우리가 일상에서 경험하는 인과 현상을 설명할
수 없다는 점을 보인다. 그리고 그렇기 때문에 우리는 원인
과 결과가 자성을 가질 수 없다는 점을 알 수 있다고 한다. 예

를 들어 기름을 원인이라고 하고, 기름을 태워 생긴 불을 그 결과라고 해 보자. 이때 결과인 불이 자성을 가지고 있다면 그것은 뜨거움일 것이다. 그런데 이 결과는 원인 안에 존재하거나 존재하지 않는다.

(1) 결과인 불이 원인인 기름 안에 존재하고 있다면, 굳이 성냥을 긋든지 하여 불을 새로 만들 이유가 없다. 인과라는 것은 원인으로부터 결과가 새로 만들어지는 현상인데, 결과가 이미 원인 안에 존재하고 있다면 인과의 존재가 부정되어 버린다. 이것은 받아들일 수 없는 결론이다. 그리고 한편 불이 이미 기름 안에 존재하고 있다면 그 자성인 뜨거움에 의해 기름 자체도 뜨거워야 할 텐데 실제로는 그렇지 않다.

(2) 한편 불이 기름 안에 존재하지 않는다면, 불이 기름을 태워서는 생기지만 아무 관계가 없는 임의의 어떤 것, 예를 들면 물이나 바위로부터는 불이 생기지 않는다는 현상을 설명할 길이 없다.

(1)과 (2)로부터 우리는 원인과 결과가 자성을 가지고

있다면 인과 관계가 불가능하게 되어 우리가 일상에서 경험하는 인과 현상을 설명할 수 없게 된다는 점을 볼 수 있다. 따라서 우리는 귀류법에 의해 원인과 결과가 자성을 가지고 있지 않다고, 즉 공하다고 결론지어야 한다.

위 논증의 결과가 주는 통찰은 인과 관계로 형성되어 존재하는 모든 사물에 그대로 적용된다. 즉 이 세상에서 인과의 결과물로 존재하는 모든 사물은 공하다. 그런데 존재하는 모든 것들 가운데 인과의 결과로 만들어진 것들은 얼마나 될까? 참으로 많고도 많다. 나는 지난 강의에서 연기라는 의존 관계를 인과적 관계(또는 인과적 연기)와 비인과적 관계(또는 비인과적 연기)로 나누었는데, 인과적으로 연기하는 이 세상 모든 것들은 자성 없이 공하다는 점이 위의 논증으로부터 밝혀졌다. 그러면 이제 비인과적으로 관계를 맺으며 연기하는 것들도 자성을 결여하여 공한가를 간단히 살펴보자.

남전불교와는 달리 북방 대승 전통에서는 연기를 단순히 인과 관계뿐 아니라 전후前後, 좌우左右, 동서남북, 상하上下, 부부夫婦, 남녀男女, 형제자매, 사제師弟, 대소大小, 우열優劣, 부분과 전체 등 비인과적 관계로까지 확대해서 이해하고 받아들인다. 나는 이렇게 비인과적 의존 관계에 있는 모든 것들이 '이것이 있을 때 저것이 있고, 이것이 생겨나므로 저것이 생겨난다. 이것이 없을 때 저것이 없고, 이것이 소멸하므로 저것이 소멸한다.'는 붓다의 연기에 대한 설명에 잘 들어맞는다는 점에 이론의 여지가 없다고 생각한다. 굳이 화엄의 법계연기론까지 나아가지 않더라도 우리가 이 점을 받아들이는 데 어려움이 없을 것이다.

어떤 남편이 스스로의 자성을 가지고 있어서 아내가 없어도 남편으로서 존재할 수 있을까? 결코 그럴 수 없다. 이것은 논리적으로 불가능하다. 남편은 아내에 의존해서만, 그리고 아내는 남편에 의존해서만 각각 남편으로서 또 아내로서 존재할 수 있다. 남녀, 형제, 사제 등 서로 상대방과의 관계에서만 존재할 수 있는 모든 개념과 그 개념이 지시하는 대상들은 서로로부터 독립해서 스스로 존재할 수 없다. 그렇다 보니 스스로의 내적 본성, 즉 자성을 가질 수도 없다. 그래서 이것들은 모두 공하다. 그리고 지난 강의에서 내가 예로 든 부분과 전체, 수반隨伴, 그리고 주어진 어떤 대상과 그것을 포함하는 배경 이론 사이의 관계 등은 모두 비인과적 의존 관계를 맺으며 연기하는 현상들이다. 이 모든 것들이 어떤 의존 관계를 맺으며 연기하는 한 연기하는 것들은 자성을 가질 수 없기 때문에 이것들도 공할 수밖에 없다. 그래서 존재하는 모든 것들이 공하다는 제법개공諸法皆空을 받아들이지 않을 수 없다.

제 **15** 강 ——— 공, 중도,
그리고
비유비무묘유

공은 무가 아니다

어떤 사물이 공하다는 말은 자성을 결여하고 있다(devoid of intrinsic nature)는 말이지 그 사물이 존재하지 않는다는 말이 아니다. 공하다는 것과 없다(無)는 것은 전혀 다른 말이기 때문이다. 그런데 우리가 이 '공하다'라는 술어적述語的 개념을 그 개념이 등장하게 된 구체적인 배경을 무시하고 '공'이라는 명사의 형태로 만들어 이해하려고 하다 보면 오류를 범하기도 한다. 그래서 모든 사물이 자성이 없어 공하다는 말을 마치 모든 사물의 궁극적인 본성이 실은 '공'이라는 실재라고 오해하기도 한다. 학생들이 이런 실수를 범하는 것을 미리 방지하고자 나는 잘 쓰는 예를 몇 들어 가며 이 문제를 설명한다.

'Nobody loves me.'라는 문장은 '아무도 나를 사랑하지 않는다.'는 뜻이다. 만약 이 문장을 "Nobody'

라는 이름을 가진 somebody가 나를 사랑한다.'는
뜻으로 오해한다면, 이것은 코미디의 주제가 될 법
한 우스운 이야기가 될 것이다.

마찬가지로 'Nothing stays the same.'이라는 문장은
'아무것도 (변치 않고) 동일하게 남아 있지 않는다.'
는 붓다의 무상의 가르침을 표현하는데, 만약 이것
을 "Nothing'이라고 불리는 something은 동일하게
남아 있다.'고 오해하면 안 될 일이다. 'emptiness'로
번역되는 공도 마찬가지다. 이것은 '자성을 결여함'
이라는 뜻이지 'emptiness'라는 '근본적인 본성(또
는 자성)'이라는 뜻이 아니다. 혼동하면 안 된다.

나는 동아시아 불교에서 오래전부터 공이 불변의 본성
을 가진 어떤 것으로 실체화實體化(reification, hypostatization)되
는 오류가 범해져 불교교리에 막대한 혼동이 초래되어 왔기
때문에 노파심에 이런 주의를 준다. 하지만 미국 학생들은
오히려 내가 지나치게 염려한다는 눈치를 보인다. 하기야 영
어권에서 Nobody를 'Nobody'라는 이름을 가진 somebody
로 오해할 사람은 아무도 없을 것이다. 이런 실수는 nobody,
nothing, emptiness와 같은 부정적 개념들을 직관적으로 파
악하게 해 줄 적당한 번역어가 존재하지 않는 동아시아 언어

를 사용하는 사람들이 주로 범하는 것 같다. 내가 학기 초 열반에 대해 강의할 때도 이런 염려를 했는데 'nirvana'라는 부정적 개념도 영어를 사용하는 내 미국 학생들은 직관적으로 더 잘 파악하기 때문에 내 강의를 듣고 나서도 그것을 실체화하는 오류를 범하지는 않는다. emptiness에 대해서도 마찬가지다. 이런 걱정은 내가 한국어로 불교철학 강의를 할 기회가 생긴다면 그때 하면 될 것 같다.

공이 중도

영어권에서는 '공이 중도中道'라는 표현을 잘 쓰지 않는데, 이것은 동아시아 불교에서 자주 마주치는 주제여서 강의 때 학생들에게 소개하곤 한다.

> 사물이 공하다는 것은 그것이 전혀 존재하지 않는다는 말이 아니다. 아무것도 존재하지 않는다는 주장을 단멸론斷滅論(annihilationism)이라고 하는데, 대승의 공 사상은 이런 단멸론을 부정한다. 한편 사물이 자성을 가진 독립적인 실체로서 상주한다는 주장을 상주론常住論(eternalism)이라고 하는데, 자성의 존재를 부정하는 공 사상은 물론 이런 상주론을 배격한다. 이와 같이 사물이 공하다는 주장은 단멸론

과 상주론을 모두 피하기 때문에 중도론中道論이다.

위의 설명에 대부분 학생은 그런가보다 하고 고개를 끄덕인다. 그러나 언제나 그렇듯이 날카로운 눈매를 지닌 몇 학생이 또 꼬투리를 잡는다.

어떤 것이 자성을 가졌다고 해서 그것이 어떻게 영원히 존재할 수 있습니까? 이 세상에 그런 것이 과연 있습니까?

예리한 질문을 해 주어 반갑기는 하지만, 이런 질문을 하는 녀석들은 실은 이 질문으로 자신들의 종교인 기독교의 교리를 부정하고 있다는 사실을 모르고 있다.

자네들이 영혼을 가지고 있다면 그 영혼이 바로 영원한 존재이다. 영혼은 그 사람을 언제 어디서나 같은 사람이게끔 해 준다. 말하자면 영혼이야말로 그런 자성을 가지고 있다. 오랜 시간에 걸쳐 온갖 풍상을 다 겪고도 그 사람이 같은 사람인 이유는 그 사람이 불변하는 자성을 지닌 영혼을 가지고 있기 때문이다. 그런데 변치 않는 것은 파괴될 수 없다. 왜냐하면 모든 파괴는, 예를 들어 물리적, 화학적, 또는 어떤 질적 변화가 있어야만 가능한데 아무런 변화가 없다면 불멸하게 되기 때문이다. 그리고 불멸하는 것은 영원히 존재한다.

학생들은 '아하!' 하는 표정을 지으며 이 설명을 알아듣는다. 그리고 사물에 자성이 있다면 그것이 불변·불멸·영원할 수밖에 없다는 점도 곧 이해하게 된다. 자성이란 외적인 것들과의 관계와는 상관없이 스스로 존재하는 내적 본성을 의미하는데, 이것은 주어진 어떤 것을 동일한 그것이게끔 해 주는 속성이다. 동일한 것을 동일하게 해 주는 속성은 불변하는 속성이다. 불변하니까 불멸하고, 불멸하니까 영원하다. 그래서 자성을 가진 존재자들은 영원히 존재해야 한다.

그런데 우리는, 아뜨만이나 영혼과 같이 신앙의 대상으로 믿는 엉뚱한 것들을 제외하면, 우리가 이 세상에서 접하는 어떤 사물도 불변·불멸·영원하지 않다는 점을 잘 알고 있다. 논리적으로 볼 때 이것은 만물이 자성을 결여해 공하다는 또 다른 근거가 된다. 다시 말해 이 세상 어느 것도 불변·불멸·영원하지 않은 이유는 그 어느 것도 자성을 가지지 않아 공하기 때문이다.

비유비무묘유

위에서 논의한 대로 '공이 중도'라는 통찰이 옳기는 하지만, 이것은 공한 사물이 구체적으로 어떤 방식으로 존재한다고 까지 말해 주지는 않는다. 그래서 학생들은 또 질문한다.

> 만물이 공하기 때문에 단멸하지도 또 상주하지도 않는다면 그것은 도대체 어떤 방식으로 존재합니까? 이것도 아니고 저것도 아니라면 과연 무엇인지 긍정적인 표현으로 말씀해 주실 수 있습니까?

이런 질문을 하면서 일부 학생들은 다소 인내심을 잃어 가는 듯한 표정을 짓기도 한다. 하지만 그들을 나무라기도 어렵다. 불교의 깊은 가르침은 대부분 부정적인 표현으로 되어 있다. 예를 들어 열반은 '이것도 아니고 저것도 아니며, 그것이 무엇인지는 직접적인 표현으로 제시할 수 없다.'는 식으로 되어 있어 듣는 사람이 곤혹스러워 하기 십상이다. 그래서 나는 동아시아 대승 전통에 회자되어 온 또 다른 유명한 명제인 '비유비무묘유非有非無妙有'를 소개하며 자성이 없어 공한 사물이 존재하는 방식에 대한 긍정적인 표현을 제시해 본다.

비유비무묘유에서 '비유非有'란 이 세상 사물이 자성을

가지고 독립적으로 존재하는 실체로서 상주하지 않는다는 뜻이다. '비무非無'는 그렇다고 해서 이 세상에 아무것도 존재하지 않는다는 단멸도 아니라는 말이다. 그리고 '묘유妙有'란 모든 사물이 이 상주와 단멸이라는 양극단을 피하며 우리가 일상생활에서 경험하는 것처럼 연기로 그 모습이 드러나는 현상現象(phenomena, 幻)으로 존재한다는 뜻이다. 묘하게 있다는 묘유란 이렇게 우리가 경험하는 현상세계를 뜻하며, 그것은 동시에 자성 없이 공한 세계를 말한다.

그런데 내 미국 학생들은 아직까지 아무도 지적하지 못했지만 비유비무묘유는 논리적으로 오류를 범하고 있는 표현이다. '비유'에서의 '유'는 상주론에서 말하는 자성을 가지고 영원히 있다는 존재(恒有)를 의미한다. 그런데 '묘유'란 이 세상 사물이 연기로 인해 자성을 결여(空)한 채 현상으로서만 존재한다는 의미다. 그래서 결국 비유비무묘유에서 첫째 '유'는 상주하는 존재자라는 뜻이고, 둘째 '유'는 '묘'라는 서술어를 가지고 연기로 인해 공한 현상으로서의 존재자라는 뜻이다. 한 문장에서 '유'라는 같은 글자가 두 개의 전혀 다른 의미를 가지고 사용되고 있는데, 이것은 논리학에서 경고하는 모호한 표현의 오류(the fallacy of equivocation)에 해당된다. 의미의 섬세한 차이를 구분하지 않고, 또 존재론적 특성의 차이를 무시한 채 대승의 가장 중요한 논제의 하나인 공에 대한 논의를 '비유비무묘유'와 같이 엄밀하지 못한 표현을 통해 진행해 왔음이 당황스럽다. 이 문제도 함께 지혜를 모아 해결해 나가야 할 과제 가운데 하나다.

제 **16** 강 ———— 제법개환과
제법개공

학생들은 비유비무묘유에 대한 요점을 숙지하면서도 여전히 미심쩍은 부분이 있다는 듯 또 질문한다.

사물이 조건에 의존해 연기하기 때문에 자성이 없이 공하다는 점은 잘 알겠습니다. 그것이 현상 또는 환幻으로 묘하게 존재하기 때문에 단멸하지도, 상주하지도 않는다는 점도 이해합니다. 그런데 이 현상 또는 환이라는 것을 어떻게 받아들여야 할지 모르겠습니다. 현상이란 어떻게 존재합니까?

불교에서 전통적으로 '환'이라고 표현한 것이 서양철학에서는 '현상(phenomenon)'에 해당되는데, 이것은 원래 본체本體라는 의미의 noumenon에 대조되는 개념이다. 현상은 실체로서의 진정한 존재자(noumenon)가 아니라 단지 밖으로 드러나는 겉모습이라는 다분히 부정적인 뉘앙스를 가지고 있었다. 그런데 18세기 독일의 칸트가 이 '현상'이라는 개념으로 우리의 경험세계를 모두 설명하면서, 현상으로서 존재하는 것이 우리 세계의 존재 양식(mode of existence)이라며 현상의 존재적 위상을 높여 주었다. 현상에 대한 그의 견해를 꽃에 대한 우리의 인식 과정과 견주어 설명해 보겠다.

선문에서는 '진리란 무엇입니까?'라는 제자의 질문에 붓다가 말없이 한 송이 꽃을 들어 보였다고 전한다. 그가 들어 올린 것이 우리에게는, 예를 들어 붉은 색깔을 가진 꽃으로 다가온다. 그런데 그 꽃 자체가 정말 붉은 색일까? 여러분이 사랑하는 애완견은 색맹이어서 색깔을 보지 못한다. 개에게는 그 꽃이 붉지 않다. 박쥐는 눈이 아니라 초음파를 사용해 사물의 존재를 확인한다. 그들에게 이 꽃은 정말이지 다른 물체로 다가올 것이다. 잠자리는 수천 개의 눈을 가지고 있다고 하는데, 그들에게 이 꽃이 과연 어떤 모습으로 보일까? 한편 외계인들은 또 다른 종류의 감각 기관으로 이 꽃의 존재를 확인할 것이다. 이와 같이 모든 다양한 종種(species)마다 꽃이 다르게 보이고 인식될 것이다. 그렇다면 어느 특정한 종이 바라보는 꽃의 모습이 그것의 참다운 모습이라고 주장할 수 없다. 그러면 '꽃'이라고 불리는 이 물체는 그 자체로는 진정 무엇일까?

　칸트는 본체(noumenon)로서의 그 물체 자체, 즉 물자체 物自體(Dinge an sich, things in themselves)는 우리에게 알려질 수 없고, 우리는 다만 우리에게 주어진 감각 기관과 인식 능력에 따라 우리 의식에 나타나는 것, 즉 현상만을 알 수 있을 뿐이라고 한다. 우리가 경험하는 존재세계의 모든 것은 실은 이렇게 우리 인간의 독특한 인식에 현상으로 드러나는 것들뿐이며, 이런 현상의 근원이 된다고 생각되는 물자체는 알 수 없다고 주장한다. 이와 같이 칸트에 의해 현상의 존재적 위상이 제대로 복권되었다. 이런 현상이 불교에서 말하는 환이다.

　그런데 불교는 이런 물자체라는 것의 존재를 인정하지 않는다. 칸트에게 있어서도 인과의 범주가 적용되는 세계는 이렇게 전혀 알 수 없는 현상의 신비한 근원으로서 물자체의 세계가 아니라 우리가 경험하는 현상의 세계인데, 만물이 조건에 의해 생멸한다는 붓다의 연기법이 적용되는 세계도 우리가 경험하는 현상의 세계이다. 불교에서는 연기법이 적용되지 않는 세계가 존재하지 않고, 따라서 불교에서는 물자체

세계의 존재를 인정하지 않는다.°

대승에서는 모든 사물이 공하다고 논한다. 우리는 칸트와 관련된 논의에서 물物(object)이 단지 현상일 뿐이라는 점까지 살펴보았다. 현상의 세계를 관통하고 있는 법칙이 연기법이라는 점에 대해서는 굳이 부연 설명하지 않아도 학생들이 잘 받아들이고, 연기하는 현상의 세계가 공하다는 점도 이미 충분히 논의하였다. 그런데 모든 물체(object)가 공하다면, 사건(事, event)은 또 어떻게 이해해야 할까? 이 점을 설명하기 위해 나는 20세기 후반 가장 위대한 미국철학자의 한 사람이었던 도널드 데이빗슨Donald Davidson의 사건 이론(event theory)을 소개한다.

다리 하나가 무너졌다. 다리 하나가 갑자기 무너졌다. 다리 하나가 구조상의 문제점으로 무너졌다. 미네소타주와 노스다코타주를 잇는 다리 하나가 무

○ 이 주제와 관련하여 나는 강의 시간에 브라만 및 아뜨만과 현상의 관계에 대한 논의를 소개한다. 힌두교와 그 전신인 바라문교에서는 우리 세계 모든 현상의 근원으로서 브라만과 아뜨만의 존재를 상정하지만, 붓다는 그것들의 존재를 부정한다. 브라만과 아뜨만은 말로 표현할 수 없는 어떤 자성을 가진 실체로서 실재하기 때문에 아무런 조건에 의존하지 않고 영원히 불변·불멸하며 존재하는데, 이는 불교의 근본이 되는 연기의 가르침에 정면으로 위배된다.

너졌다. 어제 십여 명의 목숨을 앗아 간 사건이 다리 위에서 벌어졌다. 어제 모든 석간신문 1면을 장식한 일이 강에서 벌어졌다. 다리 하나가 어제 저녁 7시 15분에 무너졌다. … 이와 같이 원칙적으로 수없이 많은 문장들이 모두 어제 다리가 무너진 사건에 대해 조금씩 다른 관점에서 기술(describe)하고 있다. 그러나 우리는 이 수많은 문장이 수많은 다른 사건을 기술하고 있는 것이 아니라 단 하나의 사건에 대한 다양한 기술일 뿐이라는 점을 알고 있다.

데이빗슨에 의하면 다리가 무너졌다는 사건(event)은 존재론적으로는 하나의 개별자(particular)이다. 단지 그것이 시공 속에 존재하는 어떤 구조가 없는 개별자(a spatiotemporally bound unstructured particular)이고, 이것에 대해 다양한 기술이 가능하다는 것이다. 그런데 하나의 사건이 이렇게 다양한 기술을 통해 우리에게 다양한 현상으로 다가오게 되더라도, 여러 관점과 기술에 따라 생겨나는 다양한 각각의 현상이 자성을 가지고 스스로 존재하는 실재일 수는 없다. 관점과 기술이 존재세계에 실재를 새로 창조해 낼 수는 없기 때문이다.

한편 데이빗슨은 이 모든 다양한 현상의 근원으로 무구조無構造의 개별자로서의 사건을 들고 있는데, 이 사건의 정체성(identity)은 이 사건이 다른 사건들과 맺는 인과 관계에 의해 결정된다고 주장한다. 현상의 근원으로서 무구조의 개별자라는 사건의 존재를 상정하는 데이빗슨의 견해는 불교와는 거리가 있다. 그러나 사건의 정체성이 다른 사건들과의 인과 관계의 산물이라고 보는 그의 견해는 지난 강의에서 소개한 나가르주나의 『근본중송』에서의 논의의 결론, 즉 모든 인과의 결과물은 공하다는 결론을 통해 우리로 하여금 사건 자체도 실제로는 자성을 가질 수 없다는 결론에 이르게 한다. 그래서 우리는, 20세기 후반 사건 이론의 최고 권위자였던 데이빗슨의 견해로부터도, 모든 사건이 공하다고 결론 짓게 된다.

위에서 우리는 칸트의 현상세계에 대한 논의를 통해 모든 물체가 단지 현상으로만 존재할 뿐이어서 공하다는 점을 살펴보았다. 모든 물物이 공하다. 그리고 데이빗슨의 사건 이론을 논의하면서 모든 사건도 우리에게 현상으로만 다가올 뿐, 자성을 결여하고 있음을 살펴보았다. 모든 사事도 공하다. 그래서 모든 사물이 단지 현상 또는 환일 뿐이고 그것들은 모두 공하다. 말하자면 제법개환諸法皆幻이요 제법개공諸法皆空이다.

강의 목적상 논리적 분석과 추론을 통해 논의가 제법개환과 제법개공에 다다른다는 것을 학생들에게 보여주지만,

나는 한국 출신답게 언제나 이런 결론을 직관적으로 이해하는 길을 보여주길 좋아한다. 나는 주로 예를 들면서 모든 사물이 환이고 공함을 이해하도록 돕는다.

미국의 유명한 공상과학영화 시리즈인 〈스타트렉Star Trek〉에는 홀로덱holodeck이라는 방이 나온다. 홀로그램hologram이 만들어지는 방 또는 무대(deck)라는 뜻인데, 이것을 모르는 미국 학생은 없다. 질량(물질)과 에너지가 상호 교환된다는 아인슈타인의 유명한 등식 $E = mc^2$이 이 홀로덱의 이론적 근거인데, 이곳에서는 에너지를 물질로 전환시켜 우리 현상세계와 경험적으로 아무런 차이가 없는 사물과 인간을 만들어 낸다. 그리고 인간 홀로그램을 포함해 이 모든 사물의 홀로그램 사이에 일어나는 사건도 우리 경험세계에서 진행되는 사건의 시리즈와 아무런 차이가 없다. 단 하나의 차이가 있다면, 이 모든 것들이 홀로덱 안에서만 유효하게 일어날 수 있다는 것뿐이다. 그런데 더 나중에 제작된 스타트렉 시리즈에서는 이런 홀로그램 물체에 특수한 장치를 부착시키면 홀로그램 사물과 인간 모두 홀로덱 밖에서도 아무 문제없이 존재하게 된다. 홀로그램이란 실체가 없는 현상 또는 환에 불과한데, 이것이 통상 우리가 실재한다고 믿는 사물들과 아무런 차이가 없다. 그렇다면 우리가 실재한다고 믿는 것들도 단지 현상 또는 환에 불과하다고 보는 것이 이치에 맞을 것이다.

　어찌 보면 존재세계 전체가 하나의 거대한 홀로덱이다. 상대적으로 좁은 공간에 에너지가 집적된 것이 입자이고, 이런 입자들이 모인 것이 우리가 알고 있는 모든 물체라면 결국 이 우주에 존재하는 모든 것과 그것들 사이의 상호 관계는 모두 홀로덱과 같은 환의 차원에서만 일어난다고 보아야 한다. 그래서 모든 것이 환이고 모든 것이 공할 수밖에 없다. 제법개환이요 제법개공이다.

제 **17** 강 ——— 선의 합리적
이해

선禪은 합리적으로 이해할 수 없다고 보는 분이 많다. 문자로는 서지 못한다는 불립문자不立文字를 표방하는 선에 합리성이 들어올 여지가 없다는 이유다. 선은 처음부터 이해의 대상이 아니라 수행을 통한 이룸 또는 체험의 과정이라고 보는 분에게는 '선의 합리적 이해'라는 이 글의 제목부터 앞뒤가 안 맞는다. 이런 선의 전통을 고려하면 강의실에서 한정된 시간 동안 합리적인 미국 대학생들에게 강의와 토론을 통해 선의 정신을 이해시켜 전수하기는 분명 불가능하다. 이번에는 이 불가능해 보이는 일을 내가 어떻게 시도해 왔는가를 소개한다.

개구즉착

'입만 벙긋하면 그르친다'는 개구즉착開口卽錯이라는 말은 우리가 입을 열어 언어를 사용하는 순간 진리를 왜곡한다는 말이다.° 선가禪家에는 한 걸음 더 나아가 동념즉괴動念卽乖

라며 '생각이 일어나자마자 어그러진다'는 말도 있다. 도불가설道不可說, 즉 '도道는 말할 수 없다'와 같이 도교의 향취가 물씬 풍기는 이런 문장들로 선가에서는 도, 또는 진리에 대한 언어 및 개념적 접근을 금기시한다. 선가에서 말하는 도가 힌두교의 브라만과 닮아 조심스럽지만, 진리에 대한 개념적 접근이 무용無用하다는 주장은 불교의 가르침과 상통한다.

나는 다음과 같은 한국식 선문답禪問答을 소개하며 미국 학생들에게 이심전심以心傳心의 전통을 소개한다.

학인學人   "부처란 무엇입니까?"
선사禪師   "개똥이다!"

마치 부처가 개똥이라는 듯한 선사의 엉뚱한 답변에 놀라 학생들은 그 큰 눈들을 더 크게 뜬다. 그러면서 부처가 왜 개똥인지 끙끙거린다. 개똥화두를 든 셈이다. 그러나 여기서 개똥은, 서양식으로 말하자면, 쇠똥(bullshit)으로서 헛소리 또

○　이 문장은 진리는 말로 표현해서는 깨달을 수 없고 오직 신비한 체험을 통해 깨쳐야만 얻을 수 있다고 해석하기도 한다. 이와 관련된 논의를 계속하겠다.

는 난센스라는 뜻으로 쓰였다. 점잖게 답하려면 "무無!"라고 외쳐도 되었다. 그런데 무엇이 난센스라는 말인가?

위의 화두를 깨물고 참선해서 깨치라는 소리는 미국 대학 강의실에서는 유효 기간이 몇 분도 안 된다. 첨단 과학 시대를 살며 실용주의가 상식인 대학생들에게 신비주의가 통할 리 없다. 그래서 나는 이들이 이해할 수 있도록 선문의 가르침을 합리적으로 재구성해서 다음과 같이 강의한다.

연기

부처님은 삶에 대해서 무아를, 그리고 세상에 대해서는 연기를 깨달아 성도했다. 연기란 모든 사물이 조건에 의해 생성·지속·소멸한다는 부처님의 통찰이다. 아무것도 그 스스로 존재할 수 없어서 독립적 존재가 불가능하니 스스로의 본질, 즉 자성도 가질 수 없다. 그래서 모든 것이 공하다. 연기의 진리를 개개인에 적용하면 무아의 진리도 쉽게 보인다. 아무도 스스로 존재할 수 없어서 개인의 본체 또는 본질, 즉 아뜨만도 없기 때문이다.

조건에 의해 생멸하는 모습이 존재세계의 실제 모습이다. 남전불교에서는 연기를 단지 인과 관계만으로 보지만 선이 소속한 대승에서는 연기를 비인과적 관계로도 확대해 이해한다.

정보통신과 교통이 발달한 오늘날 세계가 하나로 연결되어 있다는 점은 상식이다. 그런데 화엄에서는 예로부터 삼라만상이 중중무진重重無盡 서로 연결되어 있다고 여겨 왔다. 시베리아 순록 한 마리가 사냥꾼의 총에 맞아 죽으면 미국에 있는 나는 인식하지 못하지만 이 순록과 이런저런 방식으로 (예를 들어 공간적으로) 연결되어 있던 관계를 잃게 된다. 다른 은하계 어느 행성 산기슭에서 돌 하나가 굴러도 내가 그것과 연결된 관계에 변화가 생긴다. 선은 이와 같이 세상 모든 것이 모든 것을 조건으로 연기한다는 화엄의 법계연기를 선호한다.

그런데 이런 연기실상緣起實相, 즉 연기하는 세상의 실제 모습을 언어로 직접 기술할 방법은 없다. 어떤 말이나 개념도 분별 또는 차별(differentiation)을 야기하고 이 분별은 아무 걸림 없이 연기하는 세상의 모습을 왜곡해 진리로부터 우리의 시야를 차단하기 때문이다.

'사슴'이라는 말을 예로 들어 보자. 사슴이라는 개념을 떠올리거나 말을 하는 순간 우리는 두 가지 오류를 범한다. 첫째, 마치 사슴이라고 불리는 짐승들이 공통으로 고유한 본질, 즉 자성을 갖고 있다고 보게 하며, 둘째, 이 세상을 사슴과 사슴 아닌 것으로 양분하며 분별해 버려(differentiate) 우리로 하여금 이 두 집단이 중중무진 연기로 맺어져 있다는 점을 보지 못하게 한다.

어떤 말이나 개념도 걸림 없이 유연하게 연기하는 세계의 실제 모습을 차별하고 단절시켜서 우리를 진리의 세계로부터 차단한다. 불교에서는 진정으로 개구즉착과 동념즉괴가 옳다. 이것이 말이나 개념으로 표현할 수 없는 신비한 도나 브라만 또는 아뜨만에 대해서이기 때문이 아니라, 걸림 없이 연기하는 세계의 멋진 모습을 불완전한 도구인 말이나 개념으로 왜곡해 보아서는 안 된다는 합리적인 주장이기 때문이다. 연기실상에 대해 우리는 기껏해야 '그러그러(如如)하다'는 정도로밖에 표현할 수 없다.

이제 위에서 소개한 선문답을 합리적으로 이해해 보자. 불가에서 '부처'는 종종 진리의 다른 표현이기도 하다. 그래서 "부처란 무엇입니까?"라는 학인의 질문은 연기하기 때문에 언어로 표현할 수 없는 세상의 참모습, 즉 진리를 언어로 답하라는 요구가 된다. 그래서 선사가 "난센스!"라고 한 것이다.

선의 기원이라는 염화미소 이야기도 같은 맥락에서 쉽게 이해된다. 진리가 무엇이냐는 제자의 질문에 석가모니는 말로 답하지 않고 단지 꽃을 들어 보였고, 가섭이 그 의미를 이해하고 미소 지었다는 설화이다. 이때 석가모니는 "차나 한잔 들게.", "하늘빛이 좋네.", 또는 "뜰 앞의 잣나무!"와 같이 답할 수도 있었다. 질문이 난센스인 경우 엉뚱한 소리로 반응해 주는 것이 재치 있어 좋다.

미국 학생들은 내 설명에 궁금증이 풀렸다는 듯이 밝은 표정으로 고개를 끄덕인다. 내 관련 글을 읽은 동료 교수들도 마찬가지다. 나는 내 합리적 이해 방식이 옳다고 본다. 그리고 위의 선문답이 전하고자 하는 진정한 의미를 이해하는 사람은 깨달음을 위해 중요한 첫걸음을 내디딘 것이라고도 생각한다. 물론 내 생각이다.

체험으로 이루는 깨침으로서 선이 가진 문제

선의 합리적 이해에 대한 비판은 천여 년 이상 계속되어 왔으니 이제는 선에 대한 체험적 접근에 대해서도 비판적 작업을 시도해야 균형이 좀 잡히겠다.

선종사禪宗史에서는 후기로 올수록 언어를 통한 알음알이로는 결코 깨칠 수 없다는 주장이 강해져 왔다. 참선으로 신비한 체험을 거쳐야만 깨치게 된다며 체험 내지 체득의 중요성이 갈수록 강조되었다. 깨침은 마치 단맛이나 짠맛의 경험과 같아서 말로는 도저히 표현할 수 없다. 직접 맛을 보아야 알 수 있다. 그러나 선에 대한 이런 체험적 접근법은 논리적으로 딜레마에 빠지게 된다. 나는 내 미국 학생들에게 다음의 딜레마를 제시하며 한번 선의 입장에서 이 딜레마를 깨보라고 권유한다.

(1) 말로 표현할 수는 없지만 짠맛의 경험과 같은 것이 깨친 이들에게 공통적으로 존재한다면, 이 것은 깨침에 자성이 있다는 말이 되어 공에 어 긋난다.

(2) 이 짠맛과 같은 체험은 존재하지만 그것이 사람 마다 다르다면, 이 모든 다른 맛을 동일한 깨침 의 기준으로 삼는 근거가 무엇인가가 문제된다. 즉 어떤 기준이나 근거 없이 이 다양한 체험을 모두 깨달음이라고 보아줄 이유가 무엇이냐는 질문이다. 답하기 곤란하다. 그런데 한편 만약 그런 기준이 존재한다면 그것은 또 (1)에서와 마찬가지로 자성을 가지는 셈이 되어 공에 어긋 난다.

그래서 이런 체험에 공통점이 있으면 공에 어긋나서 안 되고, 없으면 이것이 깨달음의 척도가 될 수 없다는 문제가 생겨 딜레마에 빠진다. 이 딜레마를 해결하지 못하는 한 특 정한 경험, 체험, 또는 체득을 통해 얻은 깨침을 진정한 깨달 음이라고 보기 어려울 것이다. 나는 아직 이 딜레마를 해결한 사람을 보지 못했다.

　또 다른 문제는 선문에서는 종종 이렇게 깨침을 완성한다는 신비한 경험을 실체로서의 아뜨만이나 그와 유사한 불성과 하나가 되는 체험으로 여겨 왔다는 것이다. 실체론적 경향이 강한 도교의 영향 아래 성장한 선에서 이런 신비한 실체와 합일되는 경험을 깨침이라고 보곤 했는데, 실체론을 거부하는 불교에서 이것을 편하게 받아들일 수 없다. 그래서 나는 어떤 이들이 참선이나 염불을 하다가 자못 묘한 기분이 들면 그것이 깨침이라고 주장하는 것이 당황스럽다.

제 **18** 강 ——— 석가모니가
답하지 않은
14가지 질문

횟수를 더해 가면서 내 강의는 자연스럽게 불교철학의 첨예한 논증들을 점점 더 많이 선보이게 된다. 그런데 불교가 제시하는 멋진 철학적 논리들에 감탄한 학생들은 가끔 뜬금없이 묻기도 한다.

불교는 어렵고 중요한 질문들에 잘 답변하고 대응하는 것 같습니다. 그런데 불교가 대답하지 못하는 질문이나 이론적으로 해결하지 못하는 문제들도 있겠지요? 있다면 어떤 것들입니까?

아, 머리가 노랗고 눈이 파란 이 고얀 녀석들이 엉터리이기는 하지만 그래도 불자인 내게 불교의 한계와 약점을 내보이라고 요구한다. 물론 이런 질문이 무례하지는 않지만 그래도 조금 괘씸하다. 그리고 질문은 주제의 범위가 좁은 특정 문제에 한정되어야 하는데, 이렇게 '불교교리의 약점 일반에 대해 설명해 달라'는 추상적인 요구는 세련된 질문이 아니다. 그래도 오래전 부교수 시절 대학으로부터 무슨 강의상까지 받은 터라 어쩔 수 없이 친절한 척하며 석가모니의 십사무기十四無記 이야기를 소개해 준다.

십사무기, 형이상학 전공인 내게 석가모니가 '쓸모없다(?)'며 고의로 답변을 하지 않았다는 14개의 소위 형이상학적 질문에 대한 부정적 평가는 솔직히 좀 불편하다. 불교계가 이유도 제대로 모른 채 형이상학을 폄훼한다면 옳지 않겠기 때문에 나는 이 형이상학적 질문들의 성격에 대한 논의가 필요하다고 본다.

질문이 모두 14개라지만 사실은 네 가지의 형이상학적 주제를 14개 질문으로 다루고 있을 뿐이다. 이 가운데 첫 여덟 질문이 다루는 두 가지의 주제는 실은 18세기 독일의 철학자 칸트가 그의 『순수이성비판』의 「선험적 변증론」에서 다룬 독단적(dogmatic) (그래서 쓸모없는) 형이상학의 첫 번째 주제인 우주의 시간적·공간적 유한성 및 무한성(時空의 有無限性)의 문제와 일치한다.

석가의 무기와 칸트의 이율배반

칸트는 우주의 시공간적 유무한성에 대한 어떤 주장 – 시간은 유한하다, 시간은 무한하다, 공간은 유한하다, 공간은 무한하다 – 도 모두 옳다고 보일 수 있음을 철학적으로 논증한다. 우주가 시간적으로 시작점을 가지고 있다거나 아니거나, 또 공간적으로도 한계가 있다거나 아니거나 모두 각각 옳다고 받아들일 수 있다는 논지다. 이렇게 서로 반대되어 모순된 주장이 동시에 모두 참이라는 황당한 결과가 바로 그가 말하는 이율배반二律背反(Antinomie)이다. 지적으로 받아들일 수 없는 현상이다. 그래서 칸트의 비판철학의 체계에서는 수학과 논리학, 그리고 자연과학과 같이 그 주장의 진위를 분명히 가릴 수 있는 영역 밖에 있는 종래의 독단적 형이상학의 주장들은 처음부터 질문되어서는 안 되는 것들이다.

석가모니의 십사무기에 대해서는 통상 그것들이 모두 형이상학적 질문이어서 열반에 이르는 길에 아무런 쓸모가 없기 때문에 석가모니가 답변을 거부했다고 해석되어 왔다. 에드워드 콘지Edward Conze 같은 이는 칸트가 이런 질문이 물어지면 안 된다고 한 이유는 그의 철학 체계에 따르자면 이론적으로 그렇다는 것이지만, 석가의 경우 그런 질문이 단지 실질적으로 열반에 이르게 해 주는 실천 행위와는 무관하고 아무 도움이 안 되기 때문에 무시했을 뿐이라고 한다. 그래서 칸트의 이율배반과 석가모니의 무기에 대한 비교 논의는 무의미하다고 속 편하게 무시한다. 나도 쉽게 그럴 수 있으면 장수하는 데 도움이 되겠는데, 그러기에 나는 석가모니가 최첨단 철학 논증을 구사하는 장면을 너무도 많이 접해 왔다. 그러므로 여기서 나는 석가모니가 그 14개의 질문에 답변을 거부했던 이유를 서양철학적 관점, 특히 20세기 이후 영미 계통의 분석철학적 관점에서 한번 재구성해 보겠다.

인간의 지성이 제대로 작동할 수 있는 영역과
그 밖 세계의 문제들

시공의 유무한성에 대한 형이상학적 주장 같은 것들은 각각 옳다거나 또는 그르다고 주장해도 모두 그럴싸하게 논증을 만들어 그 주장을 뒷받침할 수 있다. 이는 근본적으로 이런 주장이 인간의 지성이 제대로 작동하는 영역 밖의 문제이기 때문이다. 17세기 이후 오늘날까지 서양에서는 인간의 적절한 지적 탐구가 가능한 영역을 두 가지로 분류해 왔다. 라이프니츠는 이성의 진리(truth of reason)와 사실의 진리(truth of fact)를 논했고, 데이비드 흄은 관념들의 관계(relations of ideas)와 사실의 문제(matters of fact)를 나누었다. 칸트는 분석판단(anayltic judgment)과 종합판단(synthetic judgment)을 분류했는데, 이 전통은 20세기 초반 논리실증주의자들에 의해 수학 및 논리학과 자연과학만이 그 주장의 참과 거짓을 가릴 수 있는 우리의 올바른 연구 영역이라고 주장되었다. 데이비드 흄은 '이 두 영역에 속하지 않는 문제를 다루는 책은 모두 환상을 좇으며 사기와 기만에 가득 차 있기 때문에 도서관에 가서 그런 책을 보면 모두 불살라야 한다'고 하는 과격한 주장마저 내놓는다. 그가 제일 먼저 불살라야 한다고 한 책들은 신학과 형이상학 서적들이었다.

분석판단이란 한 문장에서 술어의 개념이 주어의 개념에 포함되어 있어서 그 참과 거짓이 논리적으로 결정되는 판단들이다. 예를 들어 '총각은 결혼하지 않았다'라는 문장은 '총각'이라는 주어의 개념이 '결혼하지 않은 남자'이기 때문에 '결혼하지 않은 남자는 결혼하지 않았다'라는 뜻이 되어 그 참이 쉽게 드러난다. 산수나 기하학과 같은 순수 수학도 마찬가지다. '2'는, 예를 들어, '1+1'로 정의되고, '3'은 '1+1+1'로 정의되는데, '2+3'은 '1+1+1+1+1'이 되어 '5'의 정의에 맞게 된다. 그래서 '2+3=5'는 참이다. 이와 같이 논리학과 수학은 개념들 사이의 논리적인 관계(이성의 진리, 관념들의 관계)를 다루는 엄밀하고 확실한 학문이다. 자연과학은 이만은 못하지만, 그래도 우리의 감각 경험을 바탕으로 진행되기 때문에 많은 경우 그 주장의 참과 거짓을 제대로 가릴 수 있다. '하늘은 푸르다'라는 문장은 '하늘'이라는 개념과 '푸르다'라는 개념을 종합해서 만든 (종합)판단이고, 우리는 이 문장이 참임을 시각 경험으로 안다(사실의 진리, 사실의 문제). 그래서 자연과학도 우리가 제대로 탐구할 수 있는 영역을 연구하는 올바른 학문 분야이다. 흄과 논리실증주의자들은 논리학과 수학, 자연과학만이 우리가 받아들일 수 있는 제대로 된 학문 분야라고 강하게 주장했다.

그런데 이들 서양철학자들은 우주의 시공간적 유무한성을 비롯한 석가모니의 십사무기에 관련된 질문이야말로 논리학이나 수학 또는 자연과학의 문제가 아니어서 그 답변의 진위를 결코 가늠할 수 없는 형이상학적 문제이기 때문에 이들은 우리의 시간만 낭비할 뿐인 엉터리 질문들이라고 주장할 것이 분명하다. 이런 질문들은 어떤 의미에서는 물어져서는 안 될 질문들이 물어진 엉뚱한 경우들이다. 왜냐하면 참·거짓을 가릴 수 없는 주제에 대한 질문들이니까.

석가모니는 당시 보통 사람들이 이런 문제들을 접하면 그것을 지적으로 감당하지 못하고 헤어 나오지 못하기 때문에 그것보다는 고집멸도의 사성제 등을 통해 부처님의 법을 배우고, 참선 수행에 정진해서 열반에 이르는 데 집중하는 편이 낫다고 판단하고 그렇게 가르쳤을 것이다. 그래서 석가모니가 답하지 않은 14개의 형이상학적 질문의 성격을 분석해 보면 그가 그 오랜 옛날 이미 우리 인간에게 가능한 올바른 지적 탐구와 연구의 영역(legitimate areas of human inquiry)이 있음을 꿰뚫어 보았고, 우리 보통 사람들 대다수는 이 영역 밖에 있는 형이상학적 문제들과 씨름하느라고 지나치게 시간과 노력을 경주해서는 안 된다고 판단한 것이 드러난다. 이는 17세기 이래 서양철학 전통 주류의 판단과 일치한다. 물론 석가모니가 시기적으로 22세기 정도 앞섰다는 점만 빼고 말이다.

형이상학을 위한 변론

나는 필요할 때마다 그토록 첨예한 철학 논증으로도 법을 설했던 석가모니가 특정한 질문들에 대해 답변하지 않았던 이유를 그냥 머리 쓰지 말고 실천, 참선 수행, 정진으로 열반하는 데나 애쓰라고 말하려 한 것이라며 쉽고 편리하게 해석하는 것은 옳지 않다고 생각한다. 경전에 석가가 그 이유들을 좀 더 세밀한 논의로 설명하지 않은 것처럼 되어 있는 이유는 석가가 듣는 이들의 자질(근기)이 부족하여 설명해 줘도 이해 못할 것이라 판단했을 수도 있고, 실은 자세히 설명했으나 듣는 이들이 제대로 이해하고 외워 기록으로 전승하지 못했을 수도 있기 때문이다. 나는 후자였을 가능성이 많다고 본다. 그래서 나는 석가가 답변하지 않은 질문들의 성격을 더 철저히 연구하여 그가 답변 않은 이유를 좀 더 논리적으로 그리고 학문적으로(형이상학적으로!) 파악하려 노력해야 한다고 생각한다. 이 글에서 내가 시도한 바는 현대 서양철학적 관점에서 재구성해 보면 석가모니가 14개의 질문에 답을 하지 않은 철학적 이유가 너무도 극명하게 드러난다는 점을 보이는 것이었다. 그 질문들은 참이나 거짓이라는 답이 없기 때문에 답을 안 한 것이고, 답이 없다는 이유를 설명할 수도 있었겠지만 그런 질문을 하는 자들이 쉽게 따라올 수 있는 내용이 아니었기 때문에 더 자세히 설명하지 않았을 뿐이다.

불교에서 교리에 대한 철학적·형이상학적 이해는 전혀 쓸모 없고, 불교가 단순히 명상 수행 등 실천에만 관련된 가르침의 체계라고 받아들여진다면, 나는 그 누구도 석가모니의 가르침이 가진 깊이와 넓이를 제대로 볼 수 없다고 생각한다. 최소한 십사무기에 관련된 형이상학적 질문들이 도대체 왜, 그리고 과연 어떻게 별 쓸모없는 주제들을 다루고 있는가를 그래도 조금은 형이상학적으로 이해해야만 그런 것들에 시간을 낭비하지 않고 실천과 참선 수행에 더 정진하게 될 수 있지 않겠는가.

제 **19** 강 ———— 불자로서
어떻게
살 것인가

한국의 독자들은 믿기 어렵겠지만 미국 대학생들 대부분은 고생 참 많이 하며 대학에 다닌다. 만 18세가 넘어 고등학교를 졸업하면 원칙적으로 부모로부터 독립하기 때문에 (또는 강제로 독립당하기 때문에) 대학생이면 학비와 생활비를 스스로 해결해야 한다. 돈이 없다 보니 의료보험에 가입하지 못해 고생하는 경우도 꽤 있다. 대학 졸업률이 50퍼센트밖에 안 된다는 통계가 이러한 상황을 잘 설명해 준다.

힘들게 사는 와중에 그래도 과연 어떻게 살아야 할까를 조금이나마 고민하는 학생들이 불교철학 강의를 비롯한 내 교양과목 강의에 들어온다. 이들 가운데는 불교철학 강의 수업 시작 전마다 나와 5분 정도 입정만 같이해도 눈을 맑게 빛내며 무척 행복해 하는 녀석들이 있다. 매 학기 말 강의 평가에도 입정 시간이 정말 좋았다며 이제는 참선이 그들 생활의 일부가 되었다고 쓰는 학생도 꼭 있다. 교수로서 불교를 가르칠 맛이 제대로 나는 순간들이다. 이런 학생들은 종종 다음과 같이 묻기도 한다.

한국의 불자들은 평소 어떻게 사는지 궁금합니다.
어떻게 해야 불자가 될 수 있습니까?

나 스스로 한 번도 좋은 불자라고 자부한 적이 없는 터라 이런 질문을 받을 때마다 좀 찔끔한다. 그래도 한국 불자들의 평범한 신행 생활과 출·재가자들의 수행 방법에 대해 일반적인 소개 정도는 할 수 있다. 학생들은 신기하다는 표정으로 고개를 끄덕이며 들어 준다. 그러나 서양의 비불교권 사람들이 불교계 일반에 대해 가지고 있는 비판적 견해로 다음과 같이 질문하는 학생이 언제나 하나는 있다.

한국에서는 몸과 마음을 편안하게 하여 행복해지는 방식으로 수행한다는 점 잘 알겠습니다. 그런데 이런 수행 방법과 불교의 사회에 대한 기여가 어떻게 연결될 수 있습니까? 나 혼자 편안하다고 다른 사람들도 함께 편안해지는 것은 아니지 않습니까? 종교라면 많은 사람들과 함께 행복해져야 하는 것 아닐까요?

이런 질문은 한국불교계에서도 자각하고 있는 고민거리다. 그것을 제대로 짚어 지적하기 때문에 한국 출신인 나는 또 찔끔할 수밖에 없다. 한국불교계에서는 깊은 산속 암자에 은거하며 수십 년 동안 참선에만 몰두해야 훌륭한 수행자라고 평가받고, 재가자도 자신의 안심입명安心立命을 목표로 여기는 경우가 더 많은 것 같다. 그렇다 보니 한국불교의 사회 참여도를 묻는 미국 학생의 질문에 내가 근사하게 대답해 주기가 어렵다. 이렇게 코너에 몰린 난국을 헤쳐 나가기 위해서라도 나는 학생들에게 다음과 같이 제안한다.

참 좋은 질문이다. 그런데 이 문제는 특정 불교 사회를 떠나서 우리가 불자라면 스스로의 행복과 사회에의 기여를 위해 과연 어떻게 행위하며 살아야 하는가라는 더 큰 질문으로 받아들여 논의하는 것이 좋겠다.

학생들도 더 일반적인 차원에서의 논의가 철학적으로 중요하다는 점에 동의한다. 그래서 나는 이 문제를 다음과 같이 강의한다.

우리는 모든 순간마다 행위한다. 우리도 생명체이니 생물학적 본능이나 자율신경의 체계에 의해 이루어지는 행동

(behavior)을 계속하지만, 우리의 의지가 개입되어야 하는 행위(action)도 언제나 하고 있다. 수행자가 깊은 선정禪定에 들어 몸과 마음의 움직임이 없는 경우라도 실은 그렇게 하려는 의지로 하고 있기 때문에 이 또한 일종의 행위로 보아야 한다. 그래서 결국 우리는 의식이 깨어 있는 모든 순간순간 행위하지 않을 수 없다.

불자에게 가장 중대한 목표, 즉 그들이 불자로서 가지는 최고의 서원이 무엇인가를 한번 고려해 보자. 의문의 여지없이 깨달음이 가장 중요한 목표라고 답변할 것이다. 깨달음이 그토록 중요한 목표인 이유는 그것이 바로 열반을 가져온다고 믿기 때문이다. 깨달음을 얻었을 때 모든 고뇌에서 자유로워지는 열반의 길이 열린다. 그래서 깨달음을 얻고 열반을 성취하는 것이 모든 불자의 염원이다.

깨어 있는 순간순간 행위해야 하는 우리는 행위를 규제하고 인도해 줄 원리가 필요하다. 일상적으로는 도덕규범과 법률 같은 것이 그런 원리의 역할을 한다. 그런데 우리가 불자로서 따라야 할 행위의 원리를 찾으려 한다면 그것을 깨달음과 열반의 성취라는 서원과 연관시켜서 구해야 마땅하겠다.

참된 불자들의 경전 공부와 토론, 도덕적 행위와 계율의 준수, 그리고 명상 수행 등은 모두 깨달음과 열반을 얻는 방향으로 이루어진다. 깨달음과 열반은 모든 불자에게 결코 양보할 수 없는 목표이고, 마음속에 언제나 품고 있는 서원이다. 그래서 불자에게 세상의 일(event)이나 우리의 행위(action)를 평가할 기준 또는 원리가 존재한다면 그것은 그 일이나 행위가 깨달음과 열반을 산출하는 데 (얼마나) 기여하느냐, 아니면 그것에 (얼마나) 역행하느냐일 것이다. 그래서 나는 다음을 사건과 행위에 대한 '깨달음과 열반 산출의 원리(줄여서 깨달음 산출의 원리)'로 제안한다.

(어떤 사건 또는 행위가 깨달음과 열반의 산출에 기여한다.) ↔ (그것이 좋다/옳다.)
(어떤 사건 또는 행위가 깨달음과 열반의 산출에 역행한다.) ↔ (그것이 나쁘다/그르다.)

심신의 고통은 대부분 깨달음과 열반의 길에 방해되기 때문에 나빠서 피하거나 제거되어야 한다. 이런저런 쾌락에 탐닉하는 것은 깨달음과 열반을 가로막아서 나쁘다. 명상 수행은 깨달음과 열반의 산출에 유용하기 때문에 좋고 그것을 실천함이 불자로서의 바른 길이다. 직접적으로 또는 인터넷상에서 익명으로 거친 말을 쓰는 것은 그런 언어가 상대방에게 고통을 초래하고, 또 이런 고통은 그들의 깨달음과 열반을 산출하는 길에 역행하기 때문에 나쁘고 그른 행위다. 살인은 피해자의 깨달음과 열반 산출에 역행하기 때문에 나쁘고 그르다. 적군이라도 부상당한 사람을 치료해 주는 것은 그의 회복이 그의 깨달음과 열반을 산출하는 데 도움이 되기 때문에 좋고 또 옳다. 사회의 부를 더 많은 사람들에게 공평하게 분배하는 것은 그것이 더 많은 사람들의 깨달음과 열반을 산출하는 데 기여하기 때문에 옳다. 이밖에도 수없이 많은 예를 들 수 있다.

위에서 내가 깨달음 산출의 원리를 도출하게 된 논증을 다음과 같이 정리해 보겠다.

1. 우리는 깨어 있는 모든 순간 행위한다.
2. 모든 불자의 서원은 깨달음을 얻고 열반에 드는 것이다.
3. 불자의 깨어 있는 모든 순간의 행위는 깨달음을 얻고 열반에 드는 목표를 향해 이루어져야 한다. 그러므로,
4. 깨달음 산출의 원리: 어떤 사건이나 행위가 깨달음과 열반의 산출에 기여하느냐 또는 역행하느냐에 따라 그것의 좋고 나쁨 또는 옳고 그름이 결정된다.

나는 깨달음 산출의 원리를 모든 불자의 행위 기준으로 제안한다. 그리고 이미 위에서 든 예들로부터 엿볼 수 있겠지만, 다음과 같은 이유로 모든 사건과 행위가 한 개인이 아닌 모두의 깨달음과 열반의 산출에 얼마나 기여하느냐에 따라 평가되고, 또 의미와 가치가 부여된다고 주장한다. 어떤 불자라도 모든 중생이 그들의 고통을 제거하기를 원한다고 믿는다. 또 불자라면 그들이 깨달음과 열반을 얻음으로써 고통으로부터 자유로워질 수 있다고 믿고 받아들일 것이다. 불자는 모든 고통을 없애고자 하는 어느 누구에게도 깨달음과 열반이 궁극적 목표라는 점을 인정한다. 그리고 그 누구의 궁극적 목표로서의 깨달음과 열반도 다른 모든 사람에게 언제나 인정되고 존중되어야 한다고 믿고 받아들인다. 그래서 불자라면 깨달음 산출의 원리가 모든 중생에게 보편적으로 그리고 차별 없이 적용되어야 한다고 받아들일 것이다. 그러므로 불자에게는 모든 중생의 깨달음과 열반에 기여하는 방식으로 행위하는 것이 언제나 좋고 옳다. 나는 이것을 불자라면 언제나 지켜야 하는 '최대 다수 중생의 최고 깨달음을 산출하는 방식으로 행위하라!'는 도덕 명령으로 규정한다. 위의 논증을 다음과 같이 정리해 보겠다.

1. 불자는 깨달음 산출의 원리를 받아들이고, 그 원

리가 모든 중생 각각에게 보편적으로 적용됨을 이해하고 받아들인다.

2. 불자는 모든 중생이 각각 다른 중생과 자연 및 사회적 환경에 연결되어 있음을 이해하고 받아들인다.

3. 불자는 자신뿐 아니라 다른 이들의 깨달음과 열반을 산출하는 데 기여하는 일을 함이 좋고 옳다고 이해하고 받아들인다. 그러므로,

4. 불자는 최대 다수 중생의 최고 깨달음을 산출하는 방식으로 행위하여야 한다.

깨달음 산출의 원리는 사회적 존재자로서의 특성이 더욱 부각되는 현대인들을 '최대 다수 중생의 최고 깨달음을 산출하는 방식으로 행위하라!'는 도덕 명령으로 자연스럽게 이끈다. 그래서 나는 어떤 개인이 불자라면 그의 모든 순간순간의 사유와 일거수일투족이 이 도덕 명령과 원리에 따라 이루어지고 행해져야 한다고 생각한다. 우리에게 어떤 행위의 기준이 있다면, 그리고 우리가 연기의 가르침을 받아들이는 불자인 이상, 그 기준이 고립된 개인의 삶에만 국한된 것일 수는 없다. 모든 불자는 언제나 모든 중생의 최고 깨달음과 열반을 산출하는 방식으로 행위하여야 한다.

한국의 독자들이 내 논의에 얼마나 동의하는지 나는 모른다. 그래도 내 미국 학생들이 일리가 있다고 생각해 주어 고맙다.

제 **20** 강 ——— 중도와 팔정도

지난 강의에서 나는 '불자로서 어떻게 행위하며 살 것인가'라는 주제를 논의하며 학생들에게 깨달음 산출의 원리를 소개했다. 그러나 불교에서는 전통적으로 중도와 팔정도의 가르침이 행위의 원리요 기준으로 받아들여져 왔다는 점을 알려주며 이와 관련된 논의를 추가로 진행한다. 그런데 중도에 관한 논의를 하겠다고 하면 서양철학을 좀 공부한 학생이 종종 이런 말을 한다.

고대 희랍의 아리스토텔레스는 지나침과 모자람의 양극단을 피하고 적절한 중간을 취하는 중도를 덕이라고 했습니다. 붓다의 중도도 비슷한 내용을 가지고 있겠지요?

둘 다 '중도'라는 이름으로 불린다고 해서 그 내용까지 같다는 법은 없지만, 이번 경우는 다행히 그 내용도 비슷하다. 그래서 학생들의 이해를 돕기 위해 모처럼 동서양 비교 철학을 강의하게 된다.

아리스토텔레스의 중도

아리스토텔레스의 중도론 또는 중용론中庸論은 우리의 도덕 행위와 관련해 덕의 성격을 논하면서 제시된 이론이다. 용기(courage)라는 덕은 지나친 극단으로서의 악인 만용蠻勇(recklessness)과 그 반대로 결핍된 극단으로서의 악인 비겁함의 중간을 취함에 있다. 또 경제적으로 절제하며 산다는 덕은 방탕함과 인색함, 이 두 극단의 가운데 있다. 돈을 너무 많이 쓰면 안 되지만 그 반대로 쓸 일에도 안 쓰며 사는 것은 현명하거나 덕스럽지 못하기 때문이다. 아리스토텔레스가 말하는 삶의 궁극적 목표인 행복을 성취하기 위해서는 스스로의 가능성을 실현하며 살아야 하는데, 이를 위해 가장 효과적인 방법이 위와 같이 양극단을 피하는 중도의 길을 걸으며 덕스럽게 행위하며 사는 것이라고 주장한다.

그런데 아리스토텔레스는 중도 또는 중용이 양극단의 산술적 평균을 말하는 것이 아니라 각각의 경우에 적절함을 취하는 것이라고 분명히 밝힌다. 예를 들어 한 강연장에 있는 모든 사람 가운데 밥을 가장 많이 먹는 사람은 하루에 열 그릇을 먹고 가장 적게 먹는 사람은 한 그릇만 먹는다고 가정해 보자. 이때 나머지 모두가 각각 먹을 적당한 밥의 양을 중도의 원리에 따라 계산하기 위해 '(10+1)÷2=5.5'가 되니 다른 모든 사람들은 하루에 밥을 다섯 그릇 반씩을 먹어야 한다고 생각한다면 이는 어리석은 판단이다. 덩치가 크고 운동을 많이 하는 사람은 더 많이 먹고, 작고 덜 움직이는 사람은 덜 먹는 것이 적절하다. 한편 같은 사람이라도 그가 몸을 많이 움직여 열량이 더 필요한 날은 더 먹고, 반대로 집에서 쉬는 날은 덜 먹는 것이 바람직하고 현명하겠다. 이것이 바로 아리스토텔레스가 말하는 중도이고 중용이다. 말하자면 사람에 따라, 또 경우에 따라 적절하게 행위하는 것이 중도를 따르는 일이다.

고대 희랍어로 덕은 'arete'로서 원래 도덕적 개념으로서의 덕보다는 각각의 사물이 발휘하는 그 기능의 탁월함(excellence)을 의미했다. 영어의 'virtue'에도 아직 그 뉘앙스가 남아 있다. 그리고 이 탁월함이란 적절한 중도를 취함으로써 얻어진다는 것이 아리스토텔레스의 철학으로 대표되는 고대 희랍인들의 통찰이었다. 적절함과 탁월함 사이의 긴밀한 관계를 볼 수 있는 재미있는 대목이다.

붓다의 중도와 팔정도

동양뿐 아니라 서양에도 불교의 진리는 중도의 가르침으로 대표되고 소개되어 왔다. 서양에서 쓰는 종교학 계통의 불교 소개서에는 부처님이 제대로 된 수행을 위해서는 쾌락에 탐닉함(hedonism)을 피해야 함은 물론 그 반대쪽의 극단인 지나친 고행(excessive asceticism, self-mortification)도 피해야 깨달음에 이를 수 있다고 가르쳤다며 이를 중도의 가르침이라고 설명한다. 그런데 이런 소개는 수행 방법으로서 중도의 중요성을 말하는 것이지 진리 그 자체가 가지고 있는 중도의 성격까지 설명해 주지는 않는다. 주지하듯이 불교에서는 '중도'의 개념으로 존재자들이 존재하는 진정한 모습은 아뜨만이나 브라만처럼 영원불멸한 실체로서 상주하지 않으며, 또 그렇다고 그 반대쪽 극단에서 아무것도 존재하지 않는다는 단멸의 상태에 있는 것도 아니라는 점을 강조한다. 붓다는 이 중도의 구체적인 예로서 정견正見, 정사유正思惟, 정어正語, 정업正業, 정명正命, 정념正念, 정정진正精進, 그리고 정정正定의 팔정도를 들고 있는데, 여기에는 지혜(정견, 정사유)와 계율(정어, 정업, 정명), 그리고 선정(정념, 정정진, 정정)이 모두 포함된다. 그래서 불교의 계戒·정定·혜慧 삼학三學은 모두 중도의 가르침이다. 이와 같이 붓다의 중도론은 도덕만을 말하는 아리스토텔레스의 중도론보다 훨씬 더 포괄적이다.

　　아리스토텔레스 철학에 대한 불교의 상대적 우수함을 자랑하며 잠시 치기어린 우월감에 젖는 나를 향해 학생들은 또 질문한다.

깨달음과 열반에 이르는 방법이 중도를 걷는 일이고 또 구체적으로 그것은 팔정도라고 했습니다. 그런데 팔정도가 중도라는 말이 무슨 뜻입니까? 직관적으로 이해가 안 됩니다.

좋은 질문이다. 30년도 더 된 오래전 일이지만 나 또한 한국에서 불교 관련 서적을 읽을 때 '팔정도는 중도다.'라는 말의 뜻을 이해하지 못했다. 중도는 '양극단을 피하라.'는 하나의 가르침이고, 팔정도는 '여덟 가지를 바르게 하라.'는 여덟 개의 가르침인데, 어떻게 그 둘이 같다는 말인가? 그리고 또, 예를 들어 바른 견해나 바른 말이 어떻게 양극단을 피하는 중간의 옳은 길이란 말인가?
나는 후자의 질문에 먼저 답하기 위해 정어를 예로 들며 그것이 어떻게 중도의 가르침인가를 설명한다.

정어의 가르침에 따르려면 듣는 사람의 마음을 상하게 할 정도의 거친 말을 써서는 안 되고, 그 반대로 사탕발림이나 아부하는 말도 피해야 한다. 그래서 그 중간 정도의 적절한 방식으로 말을 하는 것이 일반적으로 옳다. 그렇지만 전쟁터에서 위기 상황에 닥쳐 군인들에게 명령을 내릴 때는 직선적이고 다소 거친 어조가 더 유용하겠으며, 그 반대로 평상시 어린 아이들에게는 가능하면 부드럽고 상냥한 말을 쓰는 것이 좋다. 한편 같은 사람이라도 경우와 상황에 따라 다소 다른 종류의 말을 사용하는 것이 옳을 것이다. 이와 같이 상대와 경우에 따라 정어의 가르침도 적절히 적용되어야 한다.

위의 통찰은 그밖에 다른 일곱 가지 바른 길에도 모두 그대로 적용된다. 지나쳐도 안 되고 모자라도 안 되며, 사람에 따라 다르게, 또 같은 사람이라도 경우에 따라 가장 적절한 방법을 택하라는 가르침이다. 이제 팔정도 각각이 중도의 가르침이라는 점은 의심의 여지가 없어진다.

아리스토텔레스의 중도론을 논할 때 언급한 내용과 비유해 보자면, 가장 적절하고 옳은 것을 취하라는 불교의 중도와 팔정도의 가르침 또한 우리의 행위를 탁월하게 만들어 주는 지침이고 이런 탁월함이 우리를 깨달음과 열반으로 이끌게 될 것이다.

이제 전자의 질문, 즉 '팔정도가 중도다.' 또는 '팔정도와 중도는 같다.'라는 말을 어떻게 이해해야 이치에 맞을지 논의해 보겠다.

오래전 한국에서 읽은 불교학 책들은 팔정도를 행하면 중도의 길을 걷게 된다고 하며 팔정도를 따름과 중도의 성취가 마치 원인과 결과라는 인과 관계(causation)에 있는 듯이 해석하는 경우가 많았다. 당시 나는 도무지 이해가 안 되었다. 만약 인과 관계에 있다면 팔정도와 중도를 이어주는 어떤 법칙이 있어야 할 텐데 그런 법칙이 무엇인지 오리무중이었다. 결국 나는 팔정도 수행과 중도의 완성이 인과 관계가 아니라고 결론짓게 되었지만, 이 둘이 어떤 관계에 있는가를 개념적으로 정리하지는 못했다. 이 둘의 관계를 분석할 수 있는 개념적 장치를 접하게 된 것은 내가 미국에서 형이상학 연구를 본격적으로 시작하면서부터였다.

혹시 '팔정도가 중도다.'라는 말은 이 둘이 동일성(identity) 관계에 있다는 것인가? 팔정도 그 자체가 바로 중도일까? 팔정도와 중도가, 예를 들어, '물과 H_2O', '춘원과 이광수'처럼 동일성 관계에 있다면 결국 여기서 존재하는 것은 하나일 뿐이니 팔정도를 따름이 곧 중도를 따름이라는 종래의 주장도 옳다고 해석할 수 있겠다. 그러나 문젯거리가 있다. 수적으로 여덟 개인 팔정도가 하나인 중도와 어떻게 동일할 수 있는가 하는 점이다. 여덟과 하나가 동일할 수는 없다.

그렇다면 중도를 큰 가르침으로 보고 팔정도 각각을 중

도의 가르침의 구체적인 길잡이들로 보면 어떨까? 만약 그럴 수 있다면 '정견이 중도요, 정사유가 중도요, …, 정어가 중도요, …, 정정이 중도다.'라는 방식으로 여덟 개의 바른 길 하나하나가 각각 중도의 구체적인 경우를 형성한다는 점을 보일 수 있겠다. 그리고 이런 방식으로 '팔정도가 중도다.'라는 논제를 효과적으로 뒷받침할 수도 있다. 나는 이것이 가장 설득력 있는 해석이라고 본다. 팔정도를 영어로는 'Noble Eightfold Path'라고 번역하는데, '여덟 겹으로 접힌 (하나의) 길'이라는 뜻이다. 마치 '중도'라는 하나의 길이 여덟 겹으로 포개져 있는, 또는 접혀 있다고 보는 듯한 번역인데, 내가 선호하는 팔정도 해석 방식과 잘 어울리는 번역이어서 반갑다.

제 **21** 강 ———— 화쟁과 일심

영어권에는 남전불교와 북전불교를 모두 논의하는 불교철학 강의 교재로 쓸 만한 책이 없다. 같은 인도유럽어 계통이기 때문에 언어적으로 부담이 덜해서 그런지는 몰라도 산스크리트어와 팔리어로 된 문헌을 읽고 연구하는 학자들이 동아시아의 한자漢字 문화권의 불교를 연구하는 사람들보다 압도적으로 많다. 그래서 나는 하는 수 없이 불교철학 강의를 위해 남전·북전을 모두 포함하는 불교사 개론용 교재를 쓰면서 학생들에게 내가 쓴 불교철학 논문 여러 개를 동시에 읽게 하고 철학과 관련된 부분만을 집중적으로 가르친다.

불교사 개론용 교재를 사용하다 보니 학기 말에 가까이 가면서 한국불교와 일본불교를 가르치게 된다. 교재에서 일본불교에 해당하는 챕터가 한국불교 챕터보다 두 배 이상 길기 때문에 가르치는 시간도 두 배로 정해서 강의 계획을 짜야 한다. 이것이 일본불교와 비교될 때 보이는 한국불교의 국제적 위상이기도 하다. 그런데 흥미롭게도 학생들이 과제물로 선택하는 에세이 주제를 보면 한국 불교철학을 택하는 학생이 일본 것을 택하는 학생보다 두 배 이상 많다. 내 미국 학생들이 일본불교에서 철학적으로 매력을 느끼는 이는 도겐(道元) 정도뿐인데, 한국불교에서는 원효의 화쟁론和諍論과 의상의 화엄사상, 그리고 의천 및 지눌의 선교禪敎 논쟁을 에세이 과제물을 위한 신나는 주제 거리로 뽑는다.

그 가운데서도 원효의 화쟁은 학생들이 가장 좋아하는 주제이다. 화쟁이 미국 학생들도 많이 들어 본 제설혼합주의와 유사하다고 보기 때문인 것 같기도 하다. 학기 초에도 잠시 논의했지만, 제설혼합주의란 여러 종교와 철학 이론이 각각 나름대로 진리의 한 부분, 또는 한 측면을 파악하고 있기 때문에 진리에 올바르게 다가가기 위해서는 가능하면 많은 종교와 철학을 함께 공부해야 한다는 생각이다. 이런 태도를 가지면 다른 종교 및 철학에 대해 관용적이게 되고, 또 서로 존중하며 존경하게도 된다. 종교라는 이름으로 수천 년 동안 서로 피를 흘려 온 서양인들이 역사상 대부분 다른 종교를 존중하고 서로의 장점을 배우려고 노력하는 제설혼합주의의 전통을 가진 인도 및 동아시아 사람들을 부러워하는 점이 어찌 보면 당연하다.

큰 산을 진리의 비유로 들어 제설혼합주의를 설명해 보

겠다. 이 산이 생긴 모습을 제대로 파악하려면 한쪽 방향에서만 보아서는 안 된다. 양쪽 측면에서도 바라보아야 하고, 또 뒤쪽에서도 관찰해 보아야 한다. 요즘에는 항공기나 드론을 이용해 상공에서 내려다보며 관찰한 모습도 포함해야 할 것이다. 한편 이 산에 대해 더 많이 알고자 하면 이 산이 어떤 종류의 바위와 토양으로 이루어졌는지, 서식하고 있는 초목과 짐승은 어떤 것들이 있는지, 또 일 년 강수량은 어느 정도인지도 아는 것이 좋다. 어느 한 접근 방식이 절대적으로 옳거나 완전할 수는 없고, 가능하면 많은 관점과 각도 그리고 방법으로 이 산을 파악하려 해야 한다. 종교적·철학적 진리도 이러한 통찰이 주는 교훈으로부터 예외일 수는 없다는 것이 제설혼합주의다.

원효의 화쟁론은 제설혼합주의와 유사하지만 그 강조점이 다르다. 제설혼합주의는 다양한 종교와 철학이 상호 보완적이라는 주장인데 비해, 화쟁론은 서로 모순되는 듯 보이는 이론과 주장들이 근본적으로는 그런 것이 아니어서 서로 조화롭게 공존할 수 있다고 강조한다. 원효가 '일심一心'이라고 표현하는 불법의 진리는 여러 측면에서 다양한 관점으로 다가갈 수 있기 때문에 불교역사상 여러 학파가 일견 상충하는 듯한 이론을 내놓았다고 하더라도 근본적으로는 서로 아무런 모순이 없다고 보아야 한다는 것이 그의 화쟁론이다.

비유를 들어 설명해 보겠다. 어떤 배우가 한 영화에서는 천사로, 또 다른 영화에서는 악마로 연기했다고 해서 이 배우가 어떤 성격적 문제나 직업의식에 모순을 가지고 있는 것은 아니다. 또 한 여자는 그녀의 자녀들에겐 어머니지만 자신의 어머니에게는 딸인 점에 대해 아무 논리적·윤리적·법적 문제가 없다. 보통 사람들은 신장이 190센티미터인 사람을 키가 크다고 보겠지만 미국 프로농구팀 감독에게는 선수로 쓰기에 작은 편이라 보인다. 이와 같이 한 사물이나 이론이 다양한 관점에 따라 서로 모순되는 방식으로 관찰되고 해석되기도 하지만 이것을 반드시 어떤 심각한 문제로 보고 부정적인 평가를 내려서는 안 된다.

불법에 대해서도 마찬가지다. 앞에서 든 예를 다시 들자면, 산은 하나지만 여러 다른 각도에서 관찰한 모습이 모두 다르게 나타나기 마련이다. 붓다가 설파한 진리는 하나이지만 그것을 바라보는 관점에 따라 다양한 학파가 생겨나서 서로 상충하는 듯 보이는 이론들을 만들어 냈지만 이런 점이 그다지 문제될 이유가 없다. 산이 하나이듯 불법이 하나의 진리(一心)인 이상, 불법에 대한 모든 다양하고 또 경쟁하는 이론들은 자연스레 화쟁하고 회통會通하게 된다.

미국 학생들이 자기들 교수 출신 나라의 불교와 관련된 강의에는 아무 말 없이 얌전히 듣고만 있을 거라고 생각하면 물론 오산이다. 내가 몇 달 동안 열심히 가르쳐 놓으면 학생들은 그동안 배운 내용을 토대로 갈고 닦은 논리를 통해 한국 출신 교수인 내게는 좀 아플 수밖에 없는 날카로운 질문을 던진다.

원효가 말하는 일심이란 것이 불변 부동不動의 진리입니까? 일심이란 다양한 모든 불교 학파의 주장을 가능하게 하는 근저에 있는 하나의 동일한 기체 또는 실체 같은 것 아닙니까? 만약 그렇다면 이 일심이 힌두교에서 말하는 브라만이나 아뜨만과 어떻게 다릅니까?

자기들 교수 출신 나라의 위대한 스님의 철학이었다고 해서 봐주는 거 없다. 몇 학생은 한 걸음 더 나아가 에세이 과제물 주제로 원효의 화쟁을 택하고는 그의 일심에 대한 주장에 대해 일본 비판불교주의자들을 연상시키는 가혹한 비판을 서슴지 않는다. 나는 하는 수없이 잘 안 통할 줄 알면서도 원효를 도와주려 변명을 좀 내놓는다.

원효는 일심에는 진여眞如와 생멸生滅의 두 측면이 있다고 했다. 이때 진여를 공으로 볼 수 있다. 그래서 학자에 따라서는 일심이 공하여 실체가 아니라고 주장하기도 한다.

그러나 나도, 그리고 학생들도 이 변론이 처음에 제기된 비판을 막아 주지 못한다는 점을 잘 알고 있다. '진여와 생멸을 그것의 두 측면'이라고 할 때의 바로 '그것', 즉 일심이 비판불교론자들이 공격 대상으로 삼는 기체 또는 실체인 브라만이나 아뜨만이 아니면 도대체 무엇이냐고 되물을 수 있기 때문이다. 나는 학생들에게 이 점이 문제라고 솔직히 시인한다. 그러고는 그들에게 어떻게 하면 원효가 이 난국을 벗어날 수 있을 것 같으냐고 다시 질문한다. 그러나 아직 원효의 이론을 구해 줄 방법을 제시한 학생은 없었다.

그러나 나는 방법을 하나 알고 있는 것 같다. 내가 서로 상호 작용하는 색·수·상·행·식 오온의 집합체로서 인격체(person)를 설명할 때 드는 농구 선수 팀의 예를 일심과 화쟁의 경우에 적용하면 문제를 해결할 수 있다고 믿기 때문이다.

다섯 명의 학생이 모여 농구를 즐기며 스스로를 드래곤즈팀이라고 부른다고 가정해 보자. 이때 이 다섯 명 외에 따로 '팀'이라는 실체가 존재하는 것은 아니지만, 이 다섯 명이 모인 그룹을 편의상 드래곤

즈팀이라고 부른다. 홍길동이라는 인격체의 경우에는 색·수·상·행·식 다섯 선수가 모여 홍길동이라는 팀을 만드는 것과 마찬가지다. 나는 여러 불교 이론을 선수로 보고 일심을 팀으로 보면서 이런 통찰을 적용하면 위에서 제기된 문제를 해결할 수 있다고 생각한다. 이 선수들의 이름은 초기불교, 아비달마, 중관中觀, 유식唯識, 그리고 삼론三論이다. 교체를 위해 대기하고 있는 선수로는 천태天台, 화엄, 선 등이 있다. 이들이 뛰고 있는 팀 이름이 일심이다. 일심은 근본적으로 아무런 기체도, 실체도 아니지만 이 선수들이 모여 경기를 펼칠 때 편리상 그들을 '일심'이라고 부를 뿐이다. 그래서 초기불교, 아비달마, 중관, 유식, 천태, 화엄, 선 등은 모두 일심의 여러 선수들이다. 그리고 이 선수들은 서로 경기 스타일이 다르고 성격도 판이해 정반대의 경우도 많지만, 모두 일심의 멤버로서 함께 경기하는 데는 아무 문제가 없다.

학생들은 자기들 교수가 단순히 강의 교재만 가르치는 것이 아니라 스스로 새로운 이론을 만들어 전개하며 어려워 보이는 철학적 문제를 해결해 나가려 하는 장면을 지켜보기 좋아한다. 아마도 미국 대학의 살인적인 등록금이 조금은 덜 아깝다고 느낄 수 있는 기회여서 그럴지도 모른다. 그들은 고개를 끄덕이고 내 논증을 들어주면서 고맙게도 무언의 응원을 보내준다.

원효의 화쟁론에 대한 강의를 마치며 내가 학생들에게 꼭 하는 질문이 하나 있다.

여러분은 서양종교들, 특히 같은 신을 섬기지만 다른 선지자(prophet)를 따르는 유대교, 기독교, 그리고 회교 사이에 우리가 이 강의에서 논의한 바와 같은 제설혼합주의나 화쟁이 가능하다고 보는가? 최소한 같은 신을 믿으니까 가능하지 않을까?

지난 20여 년 동안 미국에서 천여 명의 학생들에게 이 질문을 물어 왔고, 이 문제를 주제로 한 수백 개의 에세이 과제물을 읽어 왔지만, 서양종교 사이에 화쟁이 가능하다고 낙관한 학생은 아직 단 한 명도 없다. 정말 충격적이다. 나로서는 다른 종교의 신자들과 영원히 화해가 불가능하다고 확신하면서도 자기들 종교를 믿고 따르는 서양종교 신자들이 참 안됐다. 이런 고민거리가 없는 불자들은 그래서도 더욱더 복이 많다.

제 **22** 강 —————— 무아와
인격체로서의
나

학기 초에 무아에 대한 논의를 충분히 진행했지만 수천 년 동안 영혼의 존재를 믿어 온 서양인들이 붓다의 무아론을 쉽게 받아들이기는 어렵다. 그래서 학생들은 제출하는 에세이 과제물에서도 기회만 있으면 자아의 존재를 다시금 확인하려 하고, 가끔은 성경의 구절을 인용하면서까지 영혼의 존재를 주장하려는 학생도 있다. 그럴 때마다 나는 현대철학에서 사용하는 논증을 소개하며 무아의 가르침을 간접적으로 지원한다.

여기 이 강의실에 여러분의 급우 제인과 사라가 앉아 있다. 이 둘은 머리 색깔, 눈 색깔, 피부 빛깔, 키, 몸무게, 성격 등 모든 면에서 다르다. 이제 이 두 학생을 두고 사고 실험(thought experiment)을 하나 해 보자. 과학 기술이 극도로 발달한 외계인들이 지구에 와서 이 두 사람을 상대로 짓궂은 장난을 친다고 가정하자. 그들은 내일 이 두 사람의 머리 색깔을 상대방의 색깔로 바꾼다. 그래도 제인은 같은 제인이고, 사라는 같은 사라이다. 모레는 여기에 더해 두 사람의 눈 색깔을 바꾼다. 그래도 여전히 제인은 제인이고, 사라는 사라이다. 글피에는 디저트에 대한 선호를 서로 바꾼다. … 이렇게 수년에 걸쳐 두 사람은 신체적, 그리고 정신적 특성까지 모두 교환한다. 마침내 이런 교환 작업이 완성되었을 때 제인은 사라의 몸과 마음을 가지게 되고, 사라는 제인의 몸과 마음을 가지게 될 것이다. 그러면 이때 누가 제인이고 누가 사라일까?

학생들은 곤혹스런 표정을 짓는다. 아무도 답변하려들지 못한다. 간혹 '제인의 몸과 마음을 다 가진 사라가 이제는 제인이라고 보아야 합니다.'라고 대답하는 학생도 있는데, 그러면 나는 다시금 질문한다.

그러면 정확히 어느 시점부터 사라가 제인이 될까? 제인의 심신의 속성 50퍼센트를 가지게 될 때부터, 아니면 50.1퍼센트, 또는 50.01퍼센트? 이렇게 선을 그을 수 있을까?

우리는 이렇게 선을 긋기가 원칙적으로 불가능하다는 점을 안다. 그러나 이렇게 선을 그을 수 없다면 사라가 언제 어떻게 제인이 되었다고, 아니, 정말 제인이 되긴 했다고 주장하기조차 어렵게 된다. 서양철학에서는 해결할 수 없는 난제이다. 그런데 실은 이 모든 문제가 근본적으로 제인과 사라를 각각 제인과 사라이게끔 만들어 주는 아뜨만, 영혼, 또는 자성 같은 것이 있다고 가정하기 때문에 생겨난다. 우리가 불교의 무아론을 받아들인다면 이런 문제가 처음부터 존재하지도 않는다. 제인도, 사라도 각각의 자성을 가지고 제인으로서, 또 사라로서 존재한 적이 없는데, 어떻게 이런 문제가 발생할 수 있겠는가. 이것은 제인을 제인이게끔 해 주는 영원불변·불멸의 무엇, 그리고 사라를 사라이게끔 해 주는 영원불변·불멸의 무엇이 존재한다고 믿는 서양 사람들이 헤어 나오지 못하는 난제일 뿐이다.

한편 현대 심리철학자 대부분은 어떤 인격체의 정체성(identity)은 그 사람의 몸이 아니라 마음 또는 정신에 있다고 판단한다. 예를 들어 제인과 사라가 서로 몸은 하나도 바뀌지 않았는데 기억과 성격이 모두 바뀐다면 제인의 몸을 가진 사라가, 또 사라의 몸을 가진 제인이 생겨날 것이다. 또 다른 사고 실험이 이런 직관을 뒷받침한다.

여러분의 또 다른 급우 에드워드가 몸의 일부를 다쳐서 그 부분을 똑똑한 외계인들이 실리콘으로 된 물질로 교체해 치료한다고 가정해 보자. 이 물질은 원래의 그 신체 부분과 동일한 기능을 수행하며 생긴 모습도 같다. 그런데 에드워드가 몸에 계속 부상을 입어 그 부분이 계속 실리콘으로 된 물질로 교체되고, 약 20년 후에는 뇌세포까지도 모두 실리콘으로 된 물질로 교체된다고 해 보자. 에드워드는 여전히 생긴 모습뿐 아니라 그의 의식 내용을 모두 동일하게 가지고 있다. 이렇게 실리콘으로 만들어진 로봇과 같은 에드워드는 20년 전의 에드워드와 동일한 인격체인가?

학생들은 이 로봇이 20년 전 원래의 에드워드와 연결되어 있어서 에드워드의 의식 내용을 그 연장선상에서 가지고 있다고 보이기 때문에 동일한 인격체라고 답변한다. 나 또한 동의한다. 만약 인격체의 정체성을 확보해 주는 어떤 것이 존재한다면 그것은 아마도 몸이 아니라 정신 또는 의식 내용일 것이다.

하지만 다른 문제가 또 생겨난다. 이 로봇 에드워드의 의식 내용을 복제해서 수십 개의 컴퓨터에 그대로 다운로드

한다면 우리는 수십 명의 에드워드가 존재한다고 보아야 할까? 정말 난감한 문제이다. 의식의 내용이 인격체의 정체성을 결정하는 완벽한 기준이 될 수 없다는 점은 다음과 같은 사고 실험을 통해 더욱 분명해진다.

여기 있는 맥스는 기혼자다. 그 옆에 앉아 있는 제니퍼가 그의 아내이다. 외계인들이 또 장난을 쳐서 이 제니퍼의 완벽한 복제인간(clone)을 만들어 냈다고 가정해 보자. 이 복제인간은 제니퍼와 단순히 몸만 같을 뿐 아니라 기억과 성품까지도 모두 동일하게 만들어졌다. 그렇다면 맥스의 아내는 누구일까? 제니퍼일까, 제니퍼의 복제인간일까, 아니면 둘 다일까?

학생들은 잠시 머뭇거리다가 복제인간이 아닌 원래의 제니퍼가 맥스의 아내라고 대답한다. 이치에 맞는 답변이다. 복제의 원형인 제니퍼가 맥스의 아내로서의 자격을 가진다. 예를 들어 제니퍼의 복제인간이 사고로 죽는다면 맥스는 홀아비가 되지 않지만, 제니퍼가 죽으면 맥스는 홀아비가 된다.

그런데 위의 답변이 상식적으로 옳게 들리는 이유는 제

니퍼의 정체성이 단지 현재의 의식 내용에 의해 결정되는 것이 아니라 제니퍼의 몸이 가지고 있는 과거 제니퍼의 몸과의 어떤 인과적·역사적 연결고리가 존재하고 그것이 제니퍼의 정체성을 담보해 주는 역할을 하기 때문이다. 이렇게 보면 의식이 인격체의 정체성을 전적으로 결정해 줄 수도 없다. 그러나 그렇다고 해서 인과적·역사적 연결성(causal-historical connectedness)이라는 어떤 추상적인 것이 인격체의 정체성을 결정한다고 보기도 어렵다. 서양철학자들은 이런 연결고리가 인격체의 정체성을 가져온다고 보는 데 문제가 없다고 생각하는 경향을 보인다. 하지만 나가르주나의 『근본중송』을 읽은 불자라면 이에 대해 논리적으로 반론을 펼 수 있다. 그래서 나는 학생들에게 다음과 같이 반대 논증을 제시한다.

> 이런 연결고리는 모두 과거에 있었기 때문에 현재는 존재하지 않는다. 더 이상 존재하지도 않는 것이 현재 존재하고 있는 인격체의 정체성을 결정할 수는 없다. 증명 끝(QED).

서양철학자들은 인격체의 정체성과 자아의 존재는 증명할 길이 없는 난제라며 힘들어 한다. 그러나 무아론으로 이 둘의 존재 자체를 부정하는 불교에서는 이런 난제가 처음부터 존재하지도 않는다. 그래서 불교철학의 입장에서 보면 서양철학은 문제가 아닌 것을 문제로 삼고 있어서 문제라고 밖에 할 수 없다. 스스로 자아 또는 인격체의 정체성과 같은 상相을 만들어 놓고 그것에 집착해 고뇌하고 있는 모습이다.

수많은 철학적 논증으로부터 깨달음을 위해 반드시 받아들여야 할 진제로서 무아론이 옳다는 점은 부정하기 어렵다. 그렇지만 한편 우리가 일상을 살아가는 데 편리한 수단으로서는 세월이 흘러도 변치 않는 어떤 동일한 인격체의 존재를 상정하는 것이 여러 모로 편리하다는 생각도 든다.

영원불변·불멸하는 아뜨만이나 영혼으로서의 나는 존재하지 않지만, 몸과 여러 가지 종류의 의식 상태들이 모여 있는 이 오온 덩어리를 하나의 인격체로 보면 어떨까? 일상을 살아가야 하는 우리가 이렇게 지속적으로 존재하는 동일한 인격체로서의 나의 존재마저 지나치게(?) 부정한다면, 나는 끊임없이 변화하기 때문에 내일 아침이면 전혀 다른 오온 덩어리가 될 어떤 다른 사람만 좋으라고 오늘 밤 내가 피곤을 무릅쓰고 양치질하고 세수할 이유가 없다.

고등학생들도 몇 년 후 대학에 합격할 전혀 다른 오온 덩어리를 위해 밤잠 줄여 가며 열심히 공부할 이유를 찾기 힘들 것이다. 특히 연금과 같이 수십 년 뒤에 전혀 다른 오온의 집합체가 대신 타서 쓸 돈을 지금 이 오온이 고생하며 부어 줄 이유가 없게 된다. 이와 같이 우리가 동일한 인격체로 한 생애 동안 존재하는 나를 상정하지 않는다면 우리 일상의 대부분의 행위가 전혀 의미 없는 것으로 이해되어야 할지도 모른다.

공리주의적功利主義的 관점에서 이 문제를 다시 해석할 수는 있다. 비록 같은 나는 아니더라도 내일 아침에 존재할 오온 집합체의 행복을 위해 오늘 밤 양치질하고 세수하는 것이 세상의 행복을 조금이라도 증가시키는 데 이바지하기 때문에 그렇게 해야 한다고 볼 수도 있다. 고등학생들이 열심히 공부하는 것도, 우리가 힘들여 연금을 붓는 것도 모두 미래의 오온 덩어리들이 더 행복해지는 게 세상을 위해 좋은 일이니까 그렇게 해야 한다고 결론지을 수 있다. 그러나 이렇게 나 스스로와는 상관없이 언제나 최대 다수의 최대 행복을 증진하는 방식으로 행위해야 한다는 견해는 일상을 사는 대부분의 사람들에게 설득력이 별로 없다. 그리하여 이 현실 세계에서 개인의 삶을 더 효율적으로 살기 위해 시간이 흘러도 동일하게 존재하는 인격체로서의 나의 존재가 속제로서 요청된다.

실용적으로 필요한 지식 또는 지혜가 속제이다. 자성이 없이 공하여 무아인 인격체이지만 시간이 흐름에 따라 수없이 많은 변화를 겪으면서도 동일한 나로 존재한다고 생각하면서 사는 편이 장기적으로 볼 때 더 많은 이익이 있다. 나를 위해 오늘 밤 세수하고 양치질하며, 학생들은 공부하고, 직장인들은 연금을 붓는다. 우리가 좋든 싫든 인간의 심리 특성상 그렇게 해야 우리 일상이 더 잘 돌아가게 된다. 그래서 시간이 흘러도 동일한 인격체라는 나의 존재가 이렇게 쓸모 있는 상이라면, 우리가 일상의 삶을 더 효율적으로 잘 살기 위해 이 상을 받아들이지 않을 이유가 없다. 그래서 깨달음과 열반을 이루기 위한 진제는 무아이지만, 일상을 위한 속제로서의 나의 존재는 조심스럽게 받아들여도 무방하다고 생각한다. 최소한 내 미국 학생들은 나와 생각이 같다.

제 **23** 강 ———— 방편

미국 학생들을 가르치다 보면 불교의 중요한 개념이지만 서양인들의 사고방식에 맞지 않아 영어로 번역하기 까다로운 경우가 꽤 있다. 동아시아 대승불교에서 친근하게 쓰이는 '방편方便(upaya)'도 그 가운데 하나다. '방편'을 영어로는 '편리한 수단(convenient means)' 또는 '교육용 도구(heuristic tools)' 등으로 번역하는데 미국인들에게는 생소한 개념이다. 그래서 나는 학생들에게 이 개념이 나오게 된 역사적 배경과 이 개념이 대승에서 오랫동안 쓰여 온 방식에 대해 하나하나 설명한다.

붓다는 성도 후 45년 동안 방대한 지역을 여행하면서 다양한 배경을 가진 사람들에게 참으로 여러 주제를 가지고 설법했다. 그런데 불멸 후 제자들이 모여 붓다의 가르침을 체계적으로 정리하게 되면서 문제가 발생했다. 여러 그룹의 제자들이 붓다의 가르침을 서로 다르게 기억하거나 같은 가르침이라도 다르게 해석하고 있었기 때문이다. 나는 예를 들며 이 문제의 성격을 설명해 준다.

우리 시대 이야기를 비유로 들어 보겠다. 붓다의 제
자들은 붓다가 체질량지수 28인 제임스가 뚱뚱하
고 비만이라 했다고 기억한다. 그런데 다른 제자들
은 붓다가 제임스는 보기 좋고 건강한 체중을 가지
고 있다고 말했다고 주장한다. 위대한 성자인 붓다
가 제임스에 대해 앞뒤가 맞지 않는 이야기를 했을
리는 만무하다. 한쪽 제자들이 잘못 기억하고 있던
것일까? 성심을 다해 설법을 들었을 제자들이 그랬
을 것 같지는 않다. 그렇다면 우리가 붓다의 말을 어
떻게 해석해야 두 그룹 제자들의 기억이 모두 옳다
고 볼 수 있을까?

강의실에는 잠시 침묵이 흐른다. 그러나 학생들은 곧 여
러 가능한 해석을 내놓는다.

몇 가지 방법이 있습니다. (1) 붓다는 제임스가 20
대 때 체중 조절이 잘 되어 건강했던 그를 만나 그
가 건강하다고 말했지만, 25년 후 제임스를 다시 만
났을 때는 당시 살이 많이 찐 제임스가 뚱뚱하고 비

만이라고 말했을 수 있습니다. 붓다가 앞뒤가 안 맞는 말을 한 것이 아닐 겁니다. 한편 (2) 각 사회마다 비만에 대한 의학적 기준이 다릅니다. 미국에서는 체질량지수가 30이 넘어야 비만이지만 다른 나라에서는 25 이상이면 비만으로 분류할 수도 있습니다. 붓다가 제임스와 두 나라를 여행한다면 미국에서는 제임스가 건강한 체중이라고 하겠지만 다른 나라에서는 비만이라고 말할 겁니다. 붓다의 두 말에 아무런 논리적 모순이 없습니다.

(1)과 (2)는 모두 좋은 해석이다. 학생들은 거의 언제나 문제 상황을 제대로 파악한다. 그들이 비록 '방편'이라는 개념을 낯설어 하지만 그 개념의 취지를 쉽게 이해해 주어 반갑다. 그러면 나는 기회를 놓치지 않고 불교에 대한 자랑을 늘어놓는다.

세계의 주요 종교에서는 교주敎主의 가르침을 다르게 기록하거나 같은 가르침이라도 다르게 해석하게 되면 교단의 분열이 생겼고, 교단의 분열은 종종 폭력 사태로 귀결되었다. 우리는 서양종교의 피로 얼룩진 역사를 잘 알고 있다. 그러나 불교에서는 불설佛說의 진위를 '방편'과 같은 개념을 도입해 칼로 해결하지 않고 철학으로 해결해 왔다. 실은 이것이 불교가 그토록 섬세하고 첨예한 철학으로 발전하게 된 동력이기도 했다. 또 한편 이견을 해소할 수 없어 교단이 분리된 경우에도 불살생不殺生의 가르침을 따르다보니 폭력으로 문제를 해결하려 하지 않고 서로 '좋게' 헤어졌다.

불자로서 불교의 우월감을 즐기는 것도 잠시, 미국인들의 습성을 잘 아는 나는 언제나 마음 한 구석에서 학생들이 방편에 대해 반감을 가지게 될 수도 있다고 염려한다. 그리하여 내가 먼저 나서서 학생들과 '방편'이라는 개념이 초래할 수 있는 문제점을 논의해 본다.

붓다가 오랜 세월 동안 여러 다른 지역에서 다른 배경을 가지고 교육의 정도가 많이 다른 사람들에게 포교하다 보니 그는 동일한 주제에 대해서도 각 그룹이 깨달음과 열반에 이를 수 있는 가장 적절한 내용과 방법을 선택해 가르쳤다. 우리도 어린아이들을 성인과는 다르게 대하며 가르친다. 크리스마스에는 산타 할아버지가 와서 착한 아이들에게 선물을 준다며 잠자리에 들기 전 양말을 걸어 두라고 한다. 그러고는 그 양말에 우리가 대신 선물을 넣는다. 이렇게 아이들을 살짝 속여 행복하게 해 준다. 또 벽장 속에는 괴물이 있으니 그 안에 들어가 숨으면 안 된다는 거짓말(?)도 한다. 아이들이 어두운 벽장 안에서 다칠까봐 보호하기 위해서이다. 그러나 이 모든 것은 우리가 아이들을 위하는 순수한 마음으로 쓰는 방편이고, 아무도 이런 방편에 이의를 제기하지 않는다. 하지만 우리는 이런 방편을 성인들에게 그대로 쓰지 않는다. 왜냐하면 상대방이 모욕감을 느낄 수 있기 때문이다.

업(karma)에 대한 붓다의 가르침을 예로 들어 보자. 경전에 보면 붓다는 보통 사람들에게 '좋은 생각, 좋은 일을 많이 해 선업善業을 많이 쌓으면 다음 생에 더 부자인 집에서 더 잘 생기고, 더 똑똑하고, 더 건강하게 태어나 행복하게 산다.' 는 식으로 가르친다. 이것은 마치 아이들에게 하는 '공부 열심히 하고 어른 말 잘 들으면 사탕 많이 받아먹게 된다.'라는 말이나 마찬가지다. 그런데 대승의 전통에 따르면 이는 단지 보통 사람들을 위한 붓다의 방편에 불과할 뿐, 좀 더 준비가 된 사람들에게는 업을 포함해 만물이 실은 자성이 없어서 공하다고 설파한다. 선업, 악업惡業 모두 공하다.

열반에 대해서도 마찬가지다. 보통 사람들이 열반을 열락의 행복한 상태로 생각하고 추구하는 것을 막지는 않지만, 경전은 그런 상태에도 집착하면 안 된다고 엄중히 경고한다.

붓다의 포교 대상은 주로 성인이었다. 그런데 다 자란 성인들에게 '너희 그룹은 가방끈이 짧고, 머리 쓰는 수준도 고만고만하고, 인격 수양도 별로 안 되어 있으니 그냥 쉬운 가르침으로 살짝 넘어가게 해 주마.'라는 식으로 포교한다면 듣는 이들은 어떻게 느끼게 될까?

미국에서는 사람들에게 어떤 정보나 교훈을 전달할 때 있는 내용을 그대로 정확히 전달하는 것이 예의이자 정도正道이며, 그것을 제대로 받아들이고 못하고는 듣는 사람의 책임이다. 한편, 한국인들은 믿기 어려울지 모르지만, 교수 앞에서 어떤 어려움을 호소하며 감정에 겨워 울음을 터뜨리거나 하는 학생은 일단 돌려보내어 진정한 다음 다시 와서 이야기하도록 해야 한다고 생각한다. 감정 조절은 자기 몫이지 누가 대신 해 줄 수 없다고 판단하기 때문이다. 가게나 대학 등 공공장소에서 누구라도 흥분하거나 소리를 지르면 사람들은 당장 경찰을 부른다. 이렇게 지적으로뿐만 아니라 감정적으로도 성인의 자기 책임을 강조하는 문화에서 만약 '방편'이라는 이름으로 사람을 차별(?)하며 대한다면 이는 자칫 큰 오해를 불러일으킬 수 있다. 한국어로는 번역이 잘 안 되는 'patronizing'이라는 말이 있는데, 이것은 '우월의식을 바탕으로 자못 친절하게 보살피는 듯 나오며 누르는' 태도란 뜻이다. 미국인들이 반감을 느끼며 싫어하는 태도다. 그래서 나는 노파심에 학생들에게 묻는다. "붓다가 '방편'이라는 이름으로 사람들에게 patronizing했다고 보아야 옳을까?" 내 염려와는 달리 학생들은 언제나 곧 나를 안심시켜 주는 반응을 보인다.

붓다가 그랬다고 볼 수 없습니다. 왜냐하면 patronizing하다는 것은 속으로 나쁜 의도를 가지고 있을 때만 가능한데 붓다는 전혀 그렇지 않았기 때문입니다. 그리고 우리는 그분의 지혜와 사람들에 대한 통찰력을 신뢰할 수 있기 때문에 그분의 방편도 옳은 것으로 받아들일 수 있습니다.

역시 열린 태도와 순수한 마음으로 불법을 공부하려는 내 미국 학생들이 신심은 없이 머릿속에 의심만 가득 찬 그들의 철학교수보다 먼저 깨닫고 열반을 성취할 게 분명하다. 나는 실제로 학생들의 긍정적인 답변에 고무되어 붓다가 사용한 방편의 성격에 대한 의심을 거두게 되었다.

그런데 붓다가 사용한 방편은 무한히 신뢰할 수 있다지만, 불멸 후 생겨난 여러 불교학파가 주장한 방편에 관한 내용 모두에까지 그런 수준의 신뢰를 줄 수는 없겠다. 예를 들어 유식학파唯識學派에서는 붓다가 경전에서 논한 색·수·

상·행·식의 오온 중 색, 즉 물질세계의 존재를 인정하지 않는다. 이들은 붓다가 색을 오온에 포함시킨 것은 단지 당시의 덜 깨인 보통 사람을 위한 방편이었을 뿐이라고 해석하곤한다. 불교의 여러 학파에서는 이와 같이 상대방의 이론이나역사상 존재했던 영향력 있던 학파의 주장이 자신들의 주장과 차이가 있을 때 그것들을 아직 준비가 덜 된 사람을 위한방편일 뿐이라고 말하곤 한다. 나는 이들이 붓다의 권위에도전하지 않고, 다른 불교학파들과도 비교적 조화롭게 어울리고자 이렇게 해석한다는 점을 훌륭하다고 보고 또 존중한다. 그러나 철학적 시각에서 바라보면 이는 지적으로 철두철미하게 정직한 태도라는 소리를 들을 수 없다. 우리는 우리의 주장을 엄밀하고 정확하게 기술하고 분명히 제시해야 한다. 그리고 그 주장이 비판에 노출되어 철저히 검증받을 수있도록 반증의 가능성을 열어 놓아야 한다. 우리 주장의 문제점이 밝혀졌을 때 그 문제가 생긴 이유를 단지 그 주장을방편으로 사용했기 때문이라고 둘러댄다면 이는 지적으로정직하지 못하다. 마찬가지로 상대방 의견에서 잘못된 점을발견했을 때 그것을 단지 그쪽이 방편으로 사용했기 때문에그럴 것이라며 얼버무려서도 안 된다. 원래 지적 작업은 따뜻하고 보살피는 가슴으로 하는 것이 아니라 쿨한 머리로 하는 것이다. 지적으로는 좋은 게 좋은 게 아니다. 오해하면 안 된다.

내 미국 학생들에게 전한 내용은 아니지만 현재 한국불교계의 상황과 관련해 두어 마디 더하겠다.

깨친 이들이 완전한 자유를 획득했고 그분들의 행위는 범인凡人이 헤아릴 수 없기 때문에 그분들의 어떤 막행막식도 깨친 사람들의 방편으로 받아들여야 한다고 주장하는 이야기를 우리는 오랫동안 들어왔다. 그런데 이것은 계율을 어기는 행위를 '방편'이라는 이름으로 얼버무리려는 거짓된 변명일 뿐이다. 그리고 한국 전통불교에서 오랫동안 대승의 공을 실체로 오해하며 그것을 실재하는 어떤 기체처럼 생각해온 오류를 범했지만 이것도 과거 시절인연에 따라 사용된 방편이었을 뿐이어서 무해하다는 주장도 있는데, 이 또한 부정직한 변명이다. 막행막식은 아무리 호도糊塗해도 계율을 어긴 행위였고, 공에 대한 오해는 실제로 공에 대한 철학적 무지의 소산이었다. 불자라면 가장 먼저 정직해야 한다.

제 **24** 강 ———— 미국
대학생들이
보는
불교의 문제점

나는 학기를 마쳐 갈 무렵 일부러 시간을 내어 학생들에게 불교에 대해 가진 의문점이나 비판할 것들을 솔직히 말해 보라고 부탁했다. 그동안 강의를 진행해 오며 좋은 점은 지루할(?) 정도로 충분히 논의했으니 이제 좀 솔직하게 흉도 보는 시간을 갖자고 제안한 것이다. 그래야 모두가 불교에 대해 더 균형 잡힌 시각을 가질 수 있고, 또 그래야 불교 공부가 더 재미있을 것이라고 하면서.

코멘트를 유도하기 위해 학생들에게 먼저 중국 송나라 성리학자인 정이程頤가 거의 천 년 전 불교에 흠집을 내려고 쓴 글을 보여주었다.

사람은 살아 있는 존재다. 그런데 불교도들은 삶이 아니라 죽음을 이야기한다. 사람의 일이란 모두 눈에 보이는 것들이다. 그런데 불교도들은 분명한 것이 아니라 감춰진 것을 말한다. 사람이 죽으면 귀신이라고 불린다. 그런데 불교도들은 사람이 아니라 귀신에 대해 거론한다. 사람이 피할 수 없는 것은 일상(평상, 평범)의 도道인데, 불교도들은 일상이 아니라 굉장한 것을 말한다. 일상을 일상이게끔 하는 것은 원리(理)인데, 불교도들은 원리가 아니라 환상을 논한다. 우리는 출생과 사망 사이의 시간에, 즉 삶에 마음을 기울여야 하는데 불교도들은 현생이 아니라 전생과 내생을 이야기한다. 보고 들음, 생각과 토론이 제대로 된 증빙證憑들인데, 불교도들은 이들을 참되다고 간주하지 않고 눈과 귀를 통해 얻을 수 없고 생각과 토론이 닿을 수 없는 것들을 말한다.(한문 텍스트를 구하지 못해 영어로 번역된 것을 다시 한글로 번역하느라고 어색한 곳이 많아졌다.)

중국에서도 오래전부터 이렇게 불교에 대한 참혹할 정도로 비판적인 논의가 있었다는 점을 소개하면서 학생들에게 불교의 문제점을 한번 논의해 보자고 제안했다.

꽤 여러 코멘트를 받았는데, 네팔과 몽골 그리고 일본에서 유학 온 너무 공손한 학생들은 한마디도 안 했지만, 비판적이고 공격적이며 도전하기 좋아하는 (그래서 가르치기 신나는) 미국 학생들이 여러 문제를 지적해 주었다.

이때 나는 학생들이 제기하는 비판에 대해 그 자리에서 반박하려 하지 않고 고맙다고 말하며 열심히 받아 적기만 한다. 내가 20여 년 전 대학원생 시절 당시 심리형이상학 분야 세계 최고 권위자였던 나의 지도교수님으로부터 배운 지혜 가운데 하나는, 사람들이 비판적 논점을 제기해 올 때 그 자리에서 지지 않겠다고 싸우려 하면 안 되고 그것을 겸허히, 그리고 감사히 받아들이고 나중에 논문에서 그것을 다루며 긍정적인 논의의 자료로 사용해야 한다는 것이었다. 그래서 나도 학생들의 논점을 하나하나 반박해 불교를 옹호하려 하지 않고 대신 고맙다고 말하면서 그들의 코멘트가 내 공부를 위해 도움이 될 것이며 또 한국의 불자들에게도 전하겠다고 말해 주었다. 그러면 학생들은 신이 나서 이야기를 더 잘하고 수업이 끝나면 밝은 표정으로 강의실을 나선다. 그동안 제기된 문제들을 다음과 같이 정리해 보았다.

(1) 왜 쇳덩어리 불상에다 그렇게 절을 하는가? 절하는 행위에 어떤 긍정적인 효과가 있더라도, 굳이 우상 숭배라는 소리까지 들어가며 그렇게 해야 할 필요가 있는가?

(2) 불교는 너무 허무주의적인 것 같다. 삶이 고해이

고 모든 것이 환상이며 또한 공하다고 하는데, 왜 삶과 세계를 꼭 이렇게 염세주의적(pessimistic)으로만 보아야 하는가? 반쯤 빈 술병을 보고 "아, 벌써 술이 반밖에 안 남았네."라고 한탄할 것이 아니라, "와, 술이 아직도 반병이나 남아 있구나!"라고 낙천적으로 생각하는 편이 좋지 않은가?

(3) 굳이 엄청난 노력을 기울여 깨닫고 열반에 들어 고뇌에서 완전히 벗어나야 할 이유가 무엇인가? 고통을 제거하기 어렵다고들 하는데, 그렇다면 우리가 살아가면서 생기는 고통스러운 일들을 그냥 담담하게 받아들이는 것이 현실적으로 더 낫지 않은가? 또 좀 즐기며 사는 것이 뭐가 그리 문제인가?

(4) (술과 고기를 탐닉하는 좀 이상한 티베트 출신 승려와의 경험이 많은 미국 학생 왈) 스님들의 재가자에 대한 학대(abuse)가 무척 심각하다. 스님들이 불교의 가르침과 너무 다르게 행동한다. 불자들이 신심으로 한다는 수행 과정에서 (티

베트) 스님들은 너무도 많은 권위와 특권을 가지고 있다. 스님들은 직업이 없고 아무 일도 하지 않는데 왜 직장 생활하며 고달픈 재가자들이 불자의 길을 걷기 위해 스님들에게 가서 의지해야 하는가?

(5) 스님들은 비폭력을 주장한다는데, 그렇다면 그들은 스스로 아무 험한 일도 하지 않으면서 다른 사람들로 하여금 자기들을 보호하기 위해 폭력을 쓰게 하는 이기주의자들이 아닌가?

(6) 석가모니의 가르침은 그렇지 않은데, 나중에 발전된 여러 불교학파의 이론은 지나치게 복잡하다. 이론 자체가 복잡할 뿐더러 각 학파마다 주장하는 바가 정반대인 경우도 많다. 혼란스럽다.

(7) 업과 윤회 같은 이야기는 정말이지 믿을 수가 없다. 또 화엄의 상즉상입相卽相入 등 법계연기설과 관련된 주장들은 황당하다. 너무 나갔다.

(8) 데카르트는 '나는 생각한다. 그러므로 존재한다.'고 했고, 이것은 서양철학에서 불변의 진리라고 받아들여지고 있다. 그런데 어떻게 나(self)의 존재를 부정하는 불교의 무아론이 옳을 수 있는가?

(9) 불교는 중요한 문제들에 직접 답을 하지 않고 질문 자체를 무시해 버리는 것 같다. 예를 들어 깨달아 열반에 들어 윤회에서 벗어난 사람이 존재하는지, 어디로 갔는지에 대한 물음에 성실히 답변하지 않고 그 물음 자체가 잘못되었다고 하는데, 이것이 지적으로 올바르고 성실한 태도인가?

내 미국 학생들이 제기한 위와 같은 문제점들에 대해 우리 불자들은 어떻게 답하면 좋을까? 이 질문들 가운데 반 정도는 내 강의를 적극적으로 들은 미국 학생이라면 스스로 답할 수 있는 것들이다. 하지만 그들이 불교 입장에서 답변할 수 있다고 해서 학생들이 불교의 입장을 받아들인다는 것을 의미하지는 않는다. 왜냐하면 불교의 입장을 이해하더라도 그것을 받아들일 의무는 없기 때문이다.

예를 들어 (1)에서 우상 숭배 문제와 관련해 스스로를 내려놓고 하심下心을 가지기 위해 절을 한다고 이야기해 주면 하심을 가질 수 있는 방법이 왜 꼭 우상에 절하는 것이어야 하느냐고 반문한다. 또 불자들이 깨달아 부처가 되겠다는 것이 그런 쇳덩어리가 되겠다는 것이 아니니까 불상은 우상이 아니라는 점이 분명하지 않느냐고 해도, 수천 년 동안 우상 숭배를 절대 죄악 시 해 온 서양종교의 입장에서는 불상의 존재가 불편할 수밖에 없는 것 같다. 한편 절집에서는 스님에게 삼배를 올려야 한다고 알려 주면 거의 모든 미국 학생은 그 큰 눈을 더 크게 뜨며 어이가 없다는 표정을 짓는다.

(2)와 (3)과 관련해, 피상적으로 나타날 수도 있는 불교의 허무주의적이고 염세적인 모습은 만사를 긍정적으로 보고 처리하기를 선호하는 미국인에게는 꽤 거부감을 느끼게 하나 보다. 또 (4)와 (5)에 대해서는, 미국은 불교의 역사가 짧고 그 영향력 또한 미미하다보니 미국 학생들은 스님에 대한 관성적인 존경심도 없다. 그래서 스님이라 해도 그들의 비판적인 눈길에 예외가 되지 못한다.

한편 (6)과 관련해서, 거의 모든 중요한 이야기가 성경 한 권에 모아져 있는 기독교와는 달리 불교는 방대한 분량의 대장경의 존재가 증언해 주듯 경전이 수없이 많고 또 경전마다 내용이 다르다. 그렇다보니 불교에 처음 입문한 사람이

혼란에 빠지기 쉽다. (7), (8), 그리고 (9)와 관련된 논의는 좀 더 이론적인 문제여서 나같이 연구하며 글을 쓰는 사람들이 더 노력해 풀어야 할 과제이다.

위에서 미국 학생들이 지적한 모든 문제는 실은 서구문화의 영향을 많이 받고 있는 한국인들도 동일하게 문제 삼을 수 있는 것들이다.

한국에서 불교는 개신교로부터 우상 숭배라는 소리를 오랫동안 들어왔다. 불교가 허무주의적이고 염세적이라는 비판도 책을 읽는 사람이라면 이곳저곳에서 접해 보았음직하다. 스님에 대한 존경심의 결여도 점점 더 문제가 되고 있고, 초심자의 불교 공부 시작하기 어렵다는 불평은 어제오늘의 일이 아니다. 그러나 더욱 안타까운 것은 이런 문제가 오랫동안 존재해 왔음에도 불구하고 그것들에 적극적으로 대응해 구체적으로 해결하려는 노력이 가시적으로 많이 보이지 않는다는 점이다.

학생들과 질의응답을 주고받으며 불교교리를 신명나게 논의하다보면 한 학기 15주가 쏜살같이 지나간다. 수업이 끝나는 마지막 날, 학생들은 그동안 공부 많이 했다는 흐뭇함과 더 깊은 논의를 할 시간이 부족했다는 아쉬운 마음이 교차하는 표정을 지으며 강의실 문을 나선다. 밝고 맑은 웃음으로 내게 인사하는 것도 잊지 않는다. 내가 학기 초에 '붓다'라는 이름의 의미부터 설명하며 불교교리 하나하나를 학생들이 아무런 배경지식도 없다고 전제하며 가르쳐야 했다는 점을 상기하면, 한 학기 수업 45시간 동안 그래도 꽤 많은 것들을 배워 간다.

　몇몇 학생은 더 높은 단계의 불교철학 강의가 있느냐고 문의하기도 하고, 또 따로 읽겠다며 불교 관련 서적을 더 알려 달라고 부탁하기도 한다. 빈말은 하지 않고 용건만을 말하기 좋아하는 미국인들이 보이는 이런 관심은 액면 그대로 받아들이면 된다. 실제로 여러 학생들이 몇 해 동안 계속 내게 이메일로 불교에 관한 정보를 문의해 왔고, 또 내가 불교철학 논문을 발표할 때마다 참석해서 듣기도 한다.

미국의 대학에는 오래전부터 강의 평가 제도가 정착되어 있어서 학생들이 내 강의에 대해 평가한 코멘트를 학기가 끝난 후 문서로 받아 보게 된다. 지난 10여 년 동안 내 불교철학 강의에 대한 코멘트를 종합해 보면, 학생들은 무엇보다도 대학에 와서 한국에서 온 교수로부터 서양철학적 관점에서 본 불교교리를 미국식 강의로 배울 기회가 있었다는 점을 행운으로 여기고 좋아한다. 그리고 불교의 모든 교리에 찬성하지는 않더라도 최소한 그런 교리들이 일리가 있다는 점을 인정해 준다. 평생 교회나 성당에 다녔어도 미국인들답게 열린 태도로 불교를 대해 준다.

학생들이 매시간 수업 시작할 때 나의 지도로 연습해 온 5분 동안의 입정入定을 정말 좋아한다는 점이 언제나 나를 반갑고 놀라게 한다. 입정이 너무 좋아 집에서도 매일 연습하며 하루의 중요한 일과로 만들었다는 학생도 여럿이다. 내 수업의 95퍼센트는 불교교리에 대한 철학적 논의로 이루어지는데, 정작 학생들에게 있어 불교를 평생 기억하고 실천할 계기가 되는 것은 아이러니컬하게도 단 5분 동안의 입정이다.

학생들의 입정 사랑은 에세이 과제물 주제에 대한 그들의 답변에도 반영된다. 내가 주는 마지막 에세이 주제 가운데 하나가 대각국사 의천과 보조국사 지눌의 선교禪教 논쟁에 대한 논의이다. 이때 나는 일부러 선禪과 교敎 둘 중에서 깨달음과 열반을 위해 만약 하나만을 선택해야 한다면 무엇을 고르겠냐고 질문한다. 그러면 대부분의 학생들은, 비록 교리 이해가 깨달음을 위해 도움이 되기는 하지만, 만약 반드시 하나만을 골라야 한다면 선을 택해야 한다고 답변한다. 진리를 몸으로 체득하는 수행을 통해야 진정한 깨달음과 열반이 가능하다는 것이다.

학생들의 이러한 반응은 교재에 나와 있는 지눌의 견해에 영향을 받아서 일 수 있다. 하지만 입정을 실천해 보고 난 후 가지게 된 그들의 애정을 고려해 보면 학생들이 참선 수행 위주의 선의 가르침에 더 매력을 느낀다는 점은 분명해 보인다. 이런 현상은 학생들뿐만 아니라 미국의 일반 대중에 있어서도 마찬가지다. 요즘은 티베트불교가 많이 들어와 있지만, 미국에는 여전히 일본 조동종 계통의 선원들이 가르쳐 온 명상 위주의 수행법이 불교의 상징처럼 되어 있다. 미국인들에게 선이 가지고 있는 매력이 분명히 있다.

학생들로 하여금 부처님의 가르침을 더 오래 기억하게 해 주고, 또 일상에서 그 가르침을 실천할 계기가 되는 토대가 참선 수행이라면, 이것을 불교 관련 강의의 일부로 포함시키는 것을 진지하게 고려할 필요가 있다. 미국 대학에서는 요가yoga 수련이 정식 과목으로 인정받아 학점을 취득할 수도 있는데, 그렇다면 불교식 명상 수행 능력 배양도 수업의 일부로 인정해 학점에 그 성취도를 반영할 만도 하겠다. 물론 이런 과정을 수업의 일부로 만들기 위해서는 넘어야 할 산과 건너야 할 강이 많다. 그러나 불가능하지는 않을 것이다. 언젠가는 내 불교 관련 강의에서 묵조선과 간화선을 가르치고 수행할 날이 올 수 있을지도 모른다. 실은 그럴 수 있어야 학생들에게 부처님의 가르침을 좀 더 온전하게 전달할 수 있을 것이다.

글을 마치기 전에 마지막으로 불교철학 강의 교재에 대해 언급할 점이 있다. 부처님의 가르침을 미국 학생들에게 전하겠다는 작은 원력으로 개설한 과목이지만, 아직 영어로 쓰인 마땅한 교재를 찾지 못해 아쉽고 불편하다. 특히 남전불교보다 한자를 이용해 이루어진 동아시아 불교철학을 소개하는 좋은 교재가 없어서 더욱 그렇다. 그래서 내가 영어로 발표한 논문 여럿을 학생들에게 추가로 읽혀 왔고, 또 한글로는 발표했지만 영어로는 출판하지 않은 에세이들의 내용도 강의에 포함시켜 왔다.° 실은 이런 이유로 몇 해 전

° 예를 들어 이 책의 제15강과 16강은 내가 2016년 인터넷 매체 『미디어붓다』에 발표한 「비유비무묘유의 서양철학적 분석」의 내용 일부를 반영하고 있다. 제19강과 20강은 2017년 불교 단체 '고요한 소리' 주최의 학회에서 발표한 「화쟁과 정도 그리고 중도」의 내용을 일부 담고 있다.

부터 불교철학을 동아시아 전통 위주로 소개하는 입문서 *Buddhism for Thinkers*(사유하는 사람들을 위한 불교)의 초고를 조성해 왔다. 이 책으로 강의하겠다는 미국 대학 교수들이 벌써 있어서 머지않은 미래에 출판할 계획이다.

미네소타주립대학
불교철학 강의
ⓒ 홍창성, 2019

2019년 6월 3일 초판 1쇄 발행
2023년 7월 18일 초판 6쇄 발행

지은이 홍창성
발행인 박상근(至弘) • 편집인 류지호 • 편집이사 양동민
책임편집 김재호 • 편집 양민호, 김소영, 최호승, 하다해 • 디자인 쿠담디자인
제작 김명환 • 마케팅 김대현, 이선호 • 관리 윤정안
콘텐츠국 유권준, 정승채
펴낸 곳 불광출판사 (03169) 서울시 종로구 사직로10길 17 인왕빌딩 301호
　　대표전화 02) 420-3200 편집부 02) 420-3300 팩시밀리 02) 420-3400
　　출판등록 제300-2009-130호(1979. 10. 10.)

ISBN 978-89-7479-670-9 (03150)

값 14,800원